シリーズ日本の政治●1

議院内閣制

川人貞史――［著］

東京大学出版会

PARLIAMENTARY GOVERNMENT
Sadafumi KAWATO
(Contemporary Japanese Politics 1;
Sadafumi KAWATO—Series Editor)
University of Tokyo Press, 2015
ISBN978-4-13-032121-1

「シリーズ日本の政治」刊行にあたって

　現代日本は，かつてない政治変容の時期を経験している．1993年に自民党長期単独政権に代わって非自民の細川護熙連立政権が登場してから今日までの20年あまりの期間において，政治改革（選挙制度改革，政治資金改革，政党助成），国会改革，行政改革（中央省庁再編，内閣機能強化，情報公開，政策評価，地方分権，規制緩和，特殊法人改革，郵政民営化，市町村合併），経済改革（財政構造改革，金融システム改革）など広範な領域にわたる改革が推し進められた．これらの改革は，旧制度の問題点が指摘されたり，政治アクター（政治家，官僚，有権者など）が改革をめざしたり，抵抗したりして進められ，また，改革された制度が政策転換，政権交代などの政治過程の形成・変化につながり，政治アクターの行動を変化させた．さらに，世界規模の金融危機は世界各国の財政状況を悪化させ，財政不安が国債の信用危機をもたらしている．日本においても，財政赤字を国債発行でまかなう財政構造によって，巨額の累積国債残高が生じている．そのため，増税を行う税制改革と持続可能な社会保障制度の改革が進められているが，同時に不況から抜けだし，経済成長をめざすための経済政策が日本政治の大きな課題となっている．

　こうした状況の中で，現代日本政治の研究はますます重要性を増し，一層の充実が今こそ期待されている．ここに，新たなシリーズを編纂することは，これまでに蓄積されてきた現代日本政治研究の知の資産を確認し，さらに新たな研究を着実に推し進めるために，きわめて意義深いと考える．

　政治学を含む社会科学は，社会現象を理解し説明し，できれば予

測するための学問である．その一般的目的は，社会に生起するさまざまな現象を単なる一回限りのユニークな個性的なエピソードとしてではなく，われわれ人間と社会に関する理解可能な現象のまとまりとして捉え，それらを理論化，一般化することにより，役に立つ知識・知見を提示することである．ともすれば，政治といえば，政治家や官僚たちが行う特殊な活動であると考えられやすいが，現代の民主的政治過程においては，われわれ国民も政治の第1起動力である有権者としての役割を賢明に果たすことが求められている．したがって，政治学研究の知識・知見は，政治学に関心のある関連分野の研究者・学生にとどまらず，広く，国民・市民にとっても，有益なものでなければならない．

こうした立場に立って，われわれは，本シリーズを編纂するにあたって，現代日本の政治に関する現段階における研究水準と蓄積された知見を総合的・包括的に提示するだけでなく，幅広い読者の方が手にとってもわかりやすい形で提示することをめざす．さらに，各巻の執筆を担当する著者たちがそれぞれの専門研究分野において行ったオリジナルな研究成果も収められている．内容は，大学の専門基礎レベルでも理解できるものをめざしているので，講義のテキストとして使っていただくことはもとより，ビジネスマンや公務員を始めさまざまな分野の方々にとっても，日々のニュース報道から少し距離を置いて，日本の政治を考えてみたい時に手に取っていただける単独の著作としても十分読み応えがあるように配慮している．政治を専門職業とする方々およびマス・メディアやジャーナリズムの方々にも，各国と比較して日本の政治がいかなる異なる特徴を持つかという基本的知識を整理するために，読んでいただければ幸いである．

本シリーズを編纂するにあたって，3つのキーワード〈変化，比較，実証〉を掲げたい．

「シリーズ日本の政治」刊行にあたって　iii

　変化とは，政治的現実および政治学の通説的見解の双方についてあてはまることであり，臨床的な経験科学としての政治学研究には，つねに新しい政治的現実を的確に捉えるとともに，新しい理論の可能性を探究し，より説明力の高いモデルを構築することによって，通説を書き替えていくことが求められているといえよう．

　比較とは，現代日本政治の研究を日本だけの特異性や文化にもとづいて説明することに頼らずに，人間行動および政治制度の一般的理論化をめざす比較政治学的視座の中に位置づけることである．そうすることで，より開かれた学問的可能性と学術知識の国際的発信をめざす．

　実証とは，社会科学としての政治学が採用する世界標準の科学的研究方法であり，論理的で整合性の高い理論やモデルを考案し，それにもとづいて研究の具体的仮説を設定し，データや文献資料を分析することによってその仮説を検証する作業である．理論や仮説の構築には，研究者の優れた洞察力やオリジナリティが必要とされるが，実証の手順は，逆に研究者の個性や洞察力によって左右されるものではなく，そこにおいては公開の再現可能な検証方法を用いることになる．

　このシリーズは，日本における日本政治研究の水準を示すものであり，読者が日本政治についての理解を深めることに資するのみならず，外国における日本政治研究のレベルを高める上でも役に立つことを願ってやまない．

編者　川人　貞史

目　次

序　章　現代民主政治と議院内閣制 ―――――― 1
1. 各国で異なる議院内閣制の作動の理由　1
2. 本書の構成　8

第1章　議院内閣制の政治制度 ―――――― 11
1. 議院内閣制の起源と発展――イギリス　11
2. 議院内閣制の特質　19
3. 委任と責任の連鎖　26
4. 日本の内閣制度　33
   (1) 戦前の内閣制度 (33)／(2) 権力分立制と組み合わされた議院内閣制 (37)／(3) 戦後日本の政治過程 (43)／(4) 1990年代の政治改革・行政改革 (48)／(5) 民主党政権と自民党の政権復帰 (50)

第2章　議会と内閣 ―――――― 53
1. 内閣の存立と議会　54
2. 信任関係　62
   (1) 与党問題としての信任問題 (62)／(2) 信任関係の制度 (66)／(3) 日本における内閣不信任 (73)
3. 解　散　77
   (1) 解散の理由 (77)／(2) 解散の制度 (78)／(3) 早期解散のモデル (84)
4. 立法と2院制　88
   (1) 2院制とねじれ現象 (88)／(2) 日本における2院制とねじれ現象 (95)／(3) 衆参ねじれ国会における立法 (101)

第3章 政党と内閣　　　　　　　　　　　　　　　　　　109

1. 議院内閣制における政権と政権合意　110
   (1) 政党内閣の形成 (110) ／ (2) 政権合意 (114) ／ (3) 日本における連立政権と政権合意 (118)
2. 議院内閣制における与野党の対立と協調　123
   (1) 内閣と議会政党との関係 (123) ／ (2) マジョリテリアン・モデルとコンセンサス・モデル (127) ／ (3) 日本における与野党の対立と協調 (135)

第4章 首相・内閣・大臣　　　　　　　　　　　　　　　139

1. 首相と内閣　139
   (1) 議院内閣制の類型 (139) ／ (2) 首相の権限 (144) ／ (3) イギリスの首相と内閣 (147) ／ (4) 日本の首相と内閣 (151)
2. 官邸・内閣官房・内閣府と閣僚　156
   (1) 内閣機能強化と内閣官房・官邸 (156) ／ (2) 内閣の担当大臣 (165) ／ (3) 内閣府と特命担当大臣 (167)
3. 首相動静に見る政権中枢　169

第5章 内閣と行政官僚制　　　　　　　　　　　　　　　177

1. 行政国家と官僚制への委任　177
2. 官僚制の政治的コントロール　183

終　章 議院内閣制と日本政治　　　　　　　　　　　　　191

参考文献　201
あとがき　213
索　引　216

序　章　現代民主政治と議院内閣制

1. 各国で異なる議院内閣制の作動の理由

　議院内閣制は大統領制とならぶ重要な現代民主政治の政治制度である．議院内閣制はイギリスにおいて1688-1689年の名誉革命を経て議会主権が確立したときから19世紀半ばまでの長期間をかけて発達してきた．そして，西ヨーロッパから世界各国に広まっていった．日本も日本国憲法が施行された1947年から議院内閣制を採用して今日に至っている．

　しかし，同じ議院内閣制でも，各国によりその作動は異なっている．たとえば，イギリス，ドイツ，日本について，総選挙で勝利した政党の党首，すなわち，新首相の発言を見てもその違いが現れている．

　2010年5月のイギリス総選挙で，ゴードン・ブラウン労働党政権は過半数議席を失って総辞職し，保守党のデヴィッド・キャメロン党首が首相，自由民主党のニック・クレッグ党首が副首相となる連立政権が成立した．キャメロン首相とクレッグ副首相は，政権初の共同記者会見で，連立という新しい政治が始まると宣言し，政権合意で次の総選挙を2015年5月の第1木曜日と指定し，それまで政権を5年間維持し，共同でやるべき仕事を成し遂げる決意を示した[1]．そして，政権合意にしたがい，2011年に固定任期議会法を成

---

1) 『朝日新聞』，『読売新聞』2010年5月13日付．

立させ，首相の解散権を廃止した．イギリスでは，総選挙は，今後，基本的に5年の任期満了時だけになる．

2005年のドイツ総選挙でキリスト教民主・社会同盟（CDU/CSU）が勝利して政権に就いたアンゲラ・メルケル首相は，2013年9月の総選挙でも与党CDU/CSUが大勝したことによって，3期目となる政権の続投を確実にした．メルケル首相は，ベルリン市内の党本部で，今後の4年もドイツにとって豊かな成果の年になるように全力を尽くすと語った[2]．3カ月近くの連立交渉によって社会民主党（SPD）との大連立が成立し，第3次メルケル政権が12月17日に発足し，2017年までの任期をつとめる[3]．

これらとは対照的に，2012年12月の総選挙で勝利した安倍晋三自由民主党総裁は，「わが党の勝利は自民党に信任が完全に戻ってきたというのではなく，3年間の間違った政治主導による混乱と停滞に終止符を打つべきだという国民の判断だ．まだまだ自民党に対して厳しい視線は注がれ続けている．緊張感を持って結果を残していかなければいけない」と述べた．そして，「今回の衆院選，そして［2013年7月の］参院選をとって，はじめて安定的に政策を遂行できる態勢が整う」と述べた[4]．また，首相就任後の記者会見で，これまで首相がコロコロ代わってきたことについて問われた安倍首相は，「私が96代の首相だが，90代の首相でもあった．1年間で終わらざるを得なかった政権の担当者として，大きな責任を感じている．政治の混乱と停滞に終止符を打つためにも，安定的な政権運営を行っていくことが使命だ」と答えた[5]．そしてまた，安倍首相は4年の任期半ばの2014年12月に解散総選挙を行い，与党の自民党

---

2) 『朝日新聞』2013年9月24日付．
3) 『読売新聞』，『東京新聞』2013年12月18日付．
4) 『読売新聞』，『産経新聞』，『朝日新聞』2012年12月18日付．
5) 『読売新聞』2012年12月27日付．

は解散時とほぼ同じ議席を維持した．

　記者会見で，英，独の首相たちは，それぞれ，任期満了時まで政権担当することを前提として発言しているのに対して，日本の安倍首相は，半年後の参院選での勝利を当面の目的とし，それを乗り切って初めて安定した政権運営ができると答えている．英，独の首相は，総選挙での勝利によって任期中は安定した政権を担当することを期待しているが，日本の首相は政権の長期的展望を持つことができないのである．なぜそうなのだろうか．1つの回答として，これまでの日本の首相たちが，それぞれ特有の政治状況において政権運営に失敗したために，次々と交代せざるを得なかったという説明がありうる．

　小泉純一郎内閣が5年半の長期政権を続けて2006年に退陣した後をふりかえってみると，安倍晋三，福田康夫，麻生太郎の3代の自公連立内閣，および，政権交代後の鳩山由紀夫，菅直人，野田佳彦の3代の民主党中心の連立内閣は，すべて1年ほどしか政権を維持できなかった．それぞれの首相は政権の最高責任者として，全精力を傾けて日々の政権運営を行ったが，さまざまな特別の政治的事件や失態が発生し，それに特有の政治的事情や状況が作用して，退陣に至っている．第1次安倍内閣は相次ぐ閣僚の不祥事と消えた年金記録問題によって内閣支持率が低迷し，参院選挙で与党が大敗し，最後に首相自身が体調不良となって，退陣した．福田内閣は，衆参ねじれ国会において政府提出法案の成立が困難な国会運営に苦しんで展望が開けず，次の麻生内閣に政治状況の打開を託した．しかし，政権発足直後にアメリカ発の経済危機に見舞われた麻生首相は，解散総選挙の機を見いだせないまま，任期満了直前にようやく解散権を行使したものの，敗北して下野した．2009年の政権交代で登場した民主党の鳩山首相は，米軍普天間飛行場の沖縄県外への移転をめざしたが，結論を出す期限とした2010年5月末に断念せざるを

得ず，自らの政治資金問題も合わせて責任を取り辞任した．菅首相は，内閣発足直後の支持率がＶ字回復して高くなったが，唐突に消費税増税を検討すると発言したことが有権者の反発を買い，参院選で与党が惨敗する結果を招いた．さらに，菅首相は，小沢一郎元民主党代表の勢力を主要ポストから排除する脱小沢化戦略をとったために政権与党内の対立を激化させ，2011年の東日本大震災後に野党側から提出された内閣不信任決議案が可決される見通しとなって退陣を余儀なくされた．野田首相は，党内融和と衆参ねじれ国会の下の「決められない政治」からの脱却を訴え，社会保障と税の一体改革を進めるために，野党の自民・公明両党と３党合意して，消費税増税法案を成立させたが，政権与党内の合意なしに進めたために，党の分裂を招いた．さらに，３党合意の条件として早期の解散を約束し，勝算のないまま2012年末に総選挙を実施し，惨敗して政権から転落した．

マス・メディアは，日々の政治状況を刻々と報道し，内閣が総辞職し次が発足する政局となると，政権が行った政策実績を評価し，政局に関わった政治家たちの思いや決断を報道し，なぜ，内閣が短期間のうちに倒れたかを説明する．マス・メディアが提供するこうした報道や調査記事は，政局の裏で展開する主要な政治アクターたちの駆け引き，思惑，意地のぶつかり合いとしての政治ドキュメントの詳細を明らかにするので，説得力がある．政治評論家も，その時々の政局の展開についてコメントし，それぞれの政党や政治家を支持したり批判したりする立場から，政治現象を解釈し，評価を加える．そして，前内閣の功罪を明らかにし，新しい内閣を待ち受ける政治課題や政党間対立の構図などを解説する．

小泉首相後のそれぞれの首相が短期間で辞任せざるを得なかった理由は，以上のようにマス・メディアや政治評論によって十分かつ詳細に説明されているように見える．しかし，本当にそうだろうか．

実は，同じ議院内閣制であっても，イギリス，ドイツと日本では，根幹制度やそれと関連する制度において大きな違いがある．そうした制度的違いが，どのように政治アクターたちを制約し，政治的帰結に影響を与えているかを分析し説明することで，初めて，首相たちの展望の大きな差をシステマティックに理解することができるのである．

以下の章でより綿密に解き明かしていくことになるが，日本の首相が長期の展望を持てない主な理由はいくつかある．第1に，首相は解散権を自由に行使できるため，4年間の任期満了まで解散せずに政権担当することを当然とは考えていない．第2に，自民党，民主党など主要政党の党首の任期は3年であり，党首選挙で敗れると首相も辞任する．また，党首が任期満了前に辞任した場合には，後任者の任期は残任期間となるので，党首選が頻繁になる．第3に，3年ごとの参議院選挙で与党の選挙結果が悪いと首相の責任が問われる．第4に，政治家やマス・メディアや政治評論家たちが，比較的短期間の政局の変化を期待しており，毎月実施される内閣支持率の動向や国会運営や，地方選挙の結果，景気状況などすべてを，首相の政治的責任と結びつけて議論しがちであることである．こうして，日本政治における常識は，首相と内閣の任期が衆議院の任期よりも短いということである[6]．

本書は，現代日本の議院内閣制に焦点を当てているが，それをよりよく理解するためには，比較政治学的な理論と実証が重要であることを，強調する．各国の議院内閣制の制度と比較して日本の制度を相対化することにより，日本の議院内閣制の作動が，他のシステムとは異なるところがあることを明らかにしていく．さらに，首相やその他の重要な政治アクターたちが，日本の議院内閣制の制度を

---

6) より詳細には第2章1節を参照．

必ずしも適切に理解していないと思われる行動を取っていることも明らかにする．すなわち，現代政治学の理論から見ると，全力で政権を維持しようと苦闘した首相たちの中には，議院内閣制の理論のロジックから外れた行動を選択した人もいて，それが内閣の短命化をもたらす結果につながっているということである．こうした点は，現実の政治の展開をいわば後追いして説明し，あまり疑問を差し挟まないマス・メディアの報道や，特定の政治的立場から政治現象を捉えて論評を加える政治評論にはない視点であり，現代政治学が現実の政治の改善に貢献できる部分ではないかと考える．

本書では，新制度論という理論的なアプローチを取る．その考え方を簡単に説明しておこう．政治家や官僚や時にはマス・メディアの政治記者たちなどの政治アクターたちは，議院内閣制という政治制度の中で活動を展開していると捉える．政治制度は，政治アクターたちに対しては制約条件として機能し，いわば，彼らの選択肢の幅を制限する．政治アクターたちは，それぞれ自らにとってもっとも好ましい政治的帰結をもたらすことができる選択肢を決定しようとし，彼らの決定の相互作用によって特定の政治的帰結が生じる．政治アクターたちがすべてこうした状況を適切に理解し，自らの効用を最大化する選択を行うならば，すべてのアクターにとって制度および他のアクターの選択を前提としたうえで望みうるもっとも好ましい帰結が生じるが，誤解したり，効用を最大化しない選択を行ったりした場合には，そのアクターにとってあまり好ましくない帰結になる．

本書では，各国に共通する議院内閣制の根幹制度を，(1) 内閣が議会の信任の上に存立すること，(2) 内閣が議会の解散権を持つこと，(3) 内閣が政府政策を政府立法として提案し成立させること，と捉える．議院内閣制は，内閣が議会の信任なしに存立できないことから，議会優位を特徴とし，議会の多数派が内閣を組織するため，

立法権と行政権を一手にコントロールする権力の融合という特徴を持つ．また，政策プロセスにおいては，国民が議会議員を選出し，議会が内閣を選出し，内閣が行政をコントロールする委任と責任の連鎖によって成り立っている．したがって，議院内閣制の内閣は，国民から直接選挙された議会に対して連帯して責任を負い議会の信任の上に成り立つ責任内閣，政党政治における多数派による統治としての政党内閣，首相と閣僚で構成される合議体としての内閣，首相と閣僚が中枢となり各省大臣と官僚制によって分担管理される行政を統括する内閣といった共通の特徴を持つ．

　各国で共通する議院内閣制の根幹制度には，その規定の仕方にバリエーションがある．さらに，制度改革が試みられたり新しい制度が付け加えられたりする．新たな制度は，存続している既存の制度と接合して，政治アクターを制約する条件となる．したがって各国の議院内閣制の差異と変化に対して政治アクターがとりうる選択肢が異なるならば，その結果として，議院内閣制の作動が異なってくることが予想される．

　本書は，理論的にはこうした新制度論アプローチを取りながら，各国における議院内閣制のバリエーションを見ることによって，比較政治学の視点から現代日本の議院内閣制の作動を相対化し，総合的に分析する．それによって，政治アクターとマス・メディアも含めて，議院内閣制のメカニズムに対する理解が進展し，日本の議院内閣制がより適切に作動するようになることに貢献することを願っている．

　本書は，主として大学の学部専門課程の講義レベルを念頭に記述されており，現代政治学に関心のある学部学生を対象としているが，政治を専門職業とする方々およびマス・メディアやジャーナリズムの方々にも，日本の政治に関わる上で，各国と比較してわが国の議院内閣制がいかなる特徴を持つかという基本的知識を整理するため

に，読んでいただければ幸いである．

2. 本書の構成

　序章に続く第1章「議院内閣制の政治制度」では，イギリスにおける議院内閣制の起源と発展について概観した後，大統領制と対比して議院内閣制の特徴について説明し，さらに，政策プロセスにおける委任と責任の連鎖について説明する．最後に，日本の戦前の内閣制度および戦後の議院内閣制の特徴と変容について概観する．

　第2章「議会と内閣」では，議院内閣制の根幹制度のあり方について比較政治学的に検討を行う．まず，政権の存立と首相の辞任について日本とイギリスを比較しながら整理し，次に信任が与野党関係よりも与党問題であることを説明した上で，解散の制度と行使について検討する．最後に，2院制において立法がどのように条件付けられているかを説明し，立法に関する権限がほぼ対等な日本の2院制が及ぼす影響について解説する．

　第3章「政党と内閣」では，議院内閣制における政党の役割について見ていく．議院内閣制においては，政党が国民の投票を求めて選挙競争を行い，その結果，議会内の政党勢力分野が決定され，議会によって政権を担当する内閣が事実上選出される．内閣は政党が中心となって組織する政党政府である．議院内閣制における政党政治は，選挙結果および議会内多数派の形成のプロセスを通じて，複数の政党が競争したり協力したりして政党内閣を形成し，議会の多数の支持の変動により政権を交代したりすることによって展開される．この章では，まず，政党がどのような目的で政権に参加し，どのような連合を形成するかについて概観し，政権合意が持つ役割について説明する．次いで，日本における連立政権と政権合意について見る．次に，議院内閣制の議会において政党が果たす役割につい

て検討し，与野党間の対立と協調のあり方について，マジョリテリアン・モデルとコンセンサス・モデルという2つのモデルがあることを説明し，日本が前者に属することを説明する．

第4章「首相・内閣・大臣」では，合議体の内閣が議会に対して連帯して責任を負う議院内閣制の類型について説明した上で，イギリス，日本，その他の議院内閣制諸国における首相と大臣の権限について検討する．次いで，日本における中央省庁等改革後の首相を支える制度・組織として，首相を補佐する内閣官房，内閣の担当大臣，内閣府，内閣府特命担当大臣について概観する．最後に新聞の首相動静欄に掲載された首相の面会記録データの実証分析によって，首相を取り巻く政権中枢におけるアクターたちと首相との関係の長期的変化を分析する．

第5章「内閣と行政官僚制」では，議会—首相（内閣）—大臣と，行政官僚制との間の委任—責任関係，すなわち，政官関係について考察する．現代の行政国家において官僚制への委任は必然であるが，それが政治家の権限の移譲あるいは放棄とならないためには，どのような条件が必要かを検討し，次いで，官僚制の政治的コントロールのための諸制度について整理して説明する．

終章「議院内閣制と日本政治」では，これまでの議論をまとめる．

第1章　議院内閣制の政治制度

　議院内閣制と大統領制は，現代の民主政治システムにおいて立法部と行政部の関係を規定するもっとも一般的な政治制度である．議院内閣制はイギリスに起源を持ち，長期間かけて歴史的に発展してきた．本章では，まず第1節で，イギリスにおける議院内閣制の起源と発展について概観し，次に第2節で，比較政治学的に，大統領制と対比して議院内閣制の特徴を簡単に見ていく．第3節では，民主政治システムにおける政策プロセスを有権者から始まる委任と責任の関係として捉えて，両者の違いをモデルとして説明する．第4節では，日本における戦前の内閣制度と戦後の日本国憲法に規定された議院内閣制について説明するとともに，1990年代以降の政治改革・行政改革と2009-2012年の民主党政権が議院内閣制をどのように変えようとしたのかを考察する．

1. 議院内閣制の起源と発展——イギリス[1]

　イギリスにおける議院内閣制の起源と発展の歴史を簡単に見ていくことによって，議院内閣制の制度・慣行が徐々に形成されていく様子を見ていきたい．

　イギリスの内閣は18世紀初めに登場したとされるが，その起源は中世において国王が国政に関して少数の人々を集めて諮問したこ

---

　1) この節は，主としてTodd (1892) およびBailey (1966) によっている．

とである．15世紀には司法と国政を担当する2つの諮問機関が置かれたが，前者はその後消滅したのに対し，後者の枢密院（privy council）は存続した．枢密院のメンバーは王によって任命されたが，その人数に制限がなかったため，次第に規模が大きくなって，枢密院が全体として王の諮問に応える役割を果たすことが難しくなった．そこで，枢密院の内部に王の国政を助ける大臣たちの少数のインナー・グループが形成されるようになり，それが17世紀には秘密会（junto）や内閣会議（cabinet council）と呼ばれていた．

　1688-1689年の名誉革命後，ウィリアム3世が即位し，イギリス臣民と議会の権利を尊重する立憲君主制のもとで，枢密院は国王に責任を負う唯一の諮問機関であり続けたが，国政に関する諮問は大臣たちの内閣が担当し，枢密院自体は公式行事や儀礼的な活動を除いて国政に関与しなくなっていった．国政を担当する国王の大臣たちは貴族院あるいは庶民院の議員の中から任命され，議会で国王を代表するようになった．大臣たちは枢密院のメンバーにも任ぜられていたので，大臣たちの称号は枢密顧問官に与えられる Right Honourable（Rt Hon）であるが，内閣の大臣たちと枢密院とは明確に区別されていた．

　ウィリアム3世は行政にも外交，戦争にも長けていたが，国外にいることが多かったことから，内政問題は大臣たちに諮問するのが通常だった．大臣は，当初は党派を問わず人物本位で登用され，国王に対してのみ責任を負い，内閣としての一体性はなかった．国政はそれぞれの大臣たちを通じて政府の各省によって独立して運営されており，国王は大臣たちを通じて各省の方針に干渉することができた．大臣たちが協議する閣議は，国王が主宰して行われた．数年後に党派間対立で政府内の意見が対立すると，国王は，トーリー党の大臣を排除して議会多数派のホウィッグ党だけで大臣を構成したことにより，国政運営はしばらくの間はスムーズに行われた．しか

し，1698年の総選挙でトーリー党が勝利を収めると，国王の政権と議会との関係は悪化した．内閣の総辞職はこの時代には行われておらず，議会の反対派を取り込もうとトーリー党から新たな大臣が任命されただけであった．しかし，その試みはうまく行かず，政府は党派の異なる大臣の間で意見の一致が見られず，議会をコントロールすることもできなかった．

ウィリアム3世が1702年に死去した後，アン女王の治世の下では，トーリー党だけあるいはホウィッグ党だけの大臣からなる内閣が登場したことはあったが，内閣の政治的一体性は，必ずしも確立しなかった．議院内閣制が確立するためには，第1に内閣の政治的一体性が確保され，第2に内閣の大臣が同時に全員交代する慣行が確立し，第3に君主によって信任され議会の多数派の支持を得られる首相が指導力を確立することが必要である（Todd 1892）．このような内閣制度は，憲法学では二元型議院内閣制と呼ばれるが，後述するように，19世紀以降には君主の役割が縮小していき，実質的には議会の多数党党首を君主が形式的に首相に任命するだけとなるので，内閣が議会だけに責任を負う一元型議院内閣制と質的な差異はほとんどなくなる．

第1点の内閣の政治的一体性は，国王が任命した大臣たちの政策方針が矛盾せず，政府内で意見の食い違いや対立が起こらずに政権運営が行われるために必要である．王が議会で王を代表する大臣たちを党派にかかわらず個別に任命したり，政権の方針に介入したりするときには，内閣の一体性を保つことが困難だった．ウィリアム3世やアン女王は，内閣の閣議に基本的に出席したとされており，内閣の方針に対して強い影響力を持った．1714年のアン女王没後にドイツ生まれのハノーファー選帝侯ジョージ1世が即位すると，英語を話さない王は閣議に出席することがほとんどなくなり，大臣たちだけで閣議が行われ，その結果を内閣の指導的メンバーが王に

報告する慣行が生まれた．1721年に第1大蔵卿に就任したロバート・ウォルポールは，庶民院多数党のホウィッグ党の指導者として議会の支持を確保するとともに，内閣の基本方針を定めることに成功した．ウォルポールの指導力によって，閣議において全会一致の決定が行われるようになり，閣議の結果は首相から王に内閣の一致した意見として伝えられたのである．しかし，ウォルポールが1742年に引退した後，内閣の政治的一体性は確保されなかった．内閣は多数党のホウィッグ党が基盤となって組織されたが，トーリー党の大臣も任命されており，ヘンリー・ペラム政権（1743-1754）はすべての党派が参加する広い基盤（broad-bottom）の内閣だった．また1760年に即位したジョージ3世は，議会に「王の友」という党派を組織し，議会の立法過程に干渉し，大臣たちの方針と対立することもしばしばあり，1783年にウィリアム・ピット（小ピット）が首相に任命されるまで，内閣は安定しなかった．こうして，強い指導力を持つ首相が内閣の政治的一体性をもたらすようになり，大臣が議会の多数党議員のみから任命される慣行が確立し，19世紀初めにはこの慣行から逸脱する事例は見られなくなった．

　第2点の内閣の大臣が同時に全員交代する慣行は当初は存在せず，大臣の交代は少しずつ行われ，王が人物本位で大臣に登用したり，議会の政党勢力を考慮して任命したりしていた．ジョージ1世は即位したときに大臣を全員交代させたが，それは，アン女王が任命した大臣たちに対する個人的な反感からだった．王ではなく議会の支持を失ったことによって首相が辞任したのは，1742年のウォルポールが最初である．そのため，ウォルポールの時から庶民院に対して責任を負う責任内閣制の基礎が形成されたとされている．しかしこの時も，内閣が総辞職したわけではなく，上で見たように，ウォルポール後には内閣の政治的一体性があったとはいえない．君塚(1998)は，首相が全閣僚とともに総辞職した最初の事例は1830年

のウェリントン公爵内閣の退陣だったとしている．しかし，議会の信任あるいは支持を得られないために議会に対して責任を負う首相がほとんどすべての大臣とともに辞任した事例は，1782年のノース卿内閣からロッキンガム侯爵内閣へ交代したときである．庶民院の不信任動議が9票差で否決された後，同様の動議が近いうちに提案されて可決が避けられないことがわかり，ノース卿が辞意を表明し，ロッキンガム侯爵内閣は大法官のサーロー男爵のみが留任してあとは全閣僚が新たに任命された内閣となった（今井1990）．この時以降は，基本的に，庶民院の信任が内閣の存続の条件となり，内閣の交代はほぼすべての大臣の交代をもたらすことになった．

　第3点の首相であるが，ハノーファー朝になって，王が内閣の閣議に出席しなくなり，王に閣議の結果を報告する内閣の指導的地位に立つ大臣が現れた．その最初がウォルポールである．大臣は王によって任命されており，任命の時期も辞任の時期もそろっていなかったから，当時の政府運営は，それぞれの省ごとに担当の大臣によって行われ，王は各省の政策に自由に干渉することができた．内閣の閣議で国政の方針について協議することはなく，大臣の間で意見の一致が見られないことも多かった．ウォルポールは20年間，第1大蔵卿として内閣の大臣たちに対して指導力を発揮するとともに，庶民院の議席を持ち，ホウィッグ党のリーダーとして庶民院の多数党の意見を考慮に入れながら政権を運営した．首相（prime minister）という名称は，法律上の職名ではなく，国政において強力な指導力と権力を行使したウォルポールに対してつけられた呼び名であり，彼自身は，「議会の議員たちは私を首相と呼んでまがいものの威厳を授けた上で，彼ら自身が作り上げ私に与えた強大な権限を私が濫用しているのは許しがたいと非難する……私は私がただ1人の首相だとされることを断固否定する」と述べた．ウォルポールが首相という呼び名に憤ったのは，フランスのリシュリュー枢機卿が

ルイ13世の宰相（premier ministre）と呼ばれていたからだとされる（Bailey 1966）．ウォルポールが引退した後，首相の権威は確立せず，さらに前述のとおり，1760年に即位したジョージ3世は，内閣や大臣に干渉を続けたため，1783年にピット内閣が登場するまで不安定な内閣が続いた．ピット自身は，インド統治問題でホウィッグ党の前内閣の方針に反対する王によって前首相が更迭され，王の懇願により首相に就任したが，庶民院から不信任を受けても国王と貴族院の支持により辞任せず，数カ月後の総選挙でピットが率いるトーリー党が大勝して，安定政権を確立し，その後17年間続いた．

国王によるピットの任命は，イギリスにおける国制危機と捉えられ，国王が庶民院の意向にかかわらず首相を自由に任命したことに対して，庶民院の多数を占めるホウィッグ党が反発したが，総選挙によってホウィッグ党が敗れトーリー党が勝利したことにより決着した．ピットは，政府における首相の地位を確固としたものにし，国王の信任を得て国王によって任命される首相が国王の同意の下に他の大臣たちを選任して内閣を組織し，議会の支持を得て運営される議院内閣制を発展させたのである．

こうして19世紀初めには，国王の信任を得た首相が庶民院に対して責任を負う内閣を組織するようになった．1834年にウィリアム4世がホウィッグ党のメルバーン子爵を更迭したことは，王が自分の意思で首相を更迭した最後の事例である．しかし，その後，少数党の保守党（トーリー党の後身）のロバート・ピール内閣は直後の総選挙で勝利することができず，3カ月後に総辞職に追い込まれ，メルバーンが首相に復帰することになった．これ以降，王が庶民院の多数党を無視して，自由に首相を任命することはなくなった．

バジョットは，第1次選挙法改正（1832年）以降のイギリス憲法体制の実態について，それが機能する秘密（efficient secret）は，

行政権と立法権との密接な結合,そのほとんど完全な融合であり,両者を結ぶ絆が内閣であると記している(Bagehot 1867).そして,当時,一般にはほとんど知られていなかった内閣について,「行政権を担当するため,立法機関によって選出された委員会」であるが,しかし,その任命者である議会を解散させることができる委員会であると指摘した.庶民院の解散権は国王の大権であるが,内閣は議会における信任を得られない時には国王に奏請して庶民院を解散し,次の議会に信任を求めることができる.ただし,バジョットは,慎重に,内閣が解散を奏請しても君主が必ず解散を命じなければならないかには疑問があるとしている.というのは,バジョットが執筆した当時,政党組織は未発達で,政党規律は強くなかったため,政府法案はしばしば否決されたが,それは必ずしも内閣総辞職の原因とはならなかった.そして,内閣が庶民院の信任を失ったときには,庶民院を解散するよりも内閣総辞職を選択することが通常であり,内閣の交代は庶民院の解散とは無関係だったからである.100年後の再刊に序文を寄せたクロスマンは,バジョットの著作は,議院内閣制の古典的な時期における古典的な説明として,1832年から1867年の間に現れてきた庶民院と内閣の関係を正確に説明していると評価する(Crossman 1963).しかし,バジョットが記述したイギリス政治は,その直後の選挙権の拡大と政党マシーンの創設および中立的な公務員制度の登場などによって,大きく変化していった.また,コックスは,1832年から1867年までの35年間において庶民院にもはや信任されていないと判断した内閣が総辞職した事例が8つあった(1841年と1859年の総選挙の結果を受けての総辞職を除く)のに対して,1868年以降の50年間においては,庶民院の信任を失った内閣が総辞職した事例は3つしかなく,残りはすべて解散を選択したことを指摘している(Cox 1987).

　1868年の総選挙で政権党の保守党が敗北した時,ベンジャミ

ン・ディズレーリ内閣は新議会が召集される前に総辞職した．これ以降，総選挙に敗れた内閣は新議会の前に総辞職する慣行が確立した．1870年代までに現れたイギリス政治は，19世紀初めとは大きく異なっている．選挙法の改正を経て，今日見られるような議院内閣制の基本的なシステムが発展していった．腐敗選挙区の廃止と選挙権の拡大によって，無風選挙区が大幅に減り，貴族の影響力や情実・買収などによって議席を獲得するやり方が通用しなくなった．代わって政策や主義主張が選挙において重要となり，政党が選挙マニフェストを提示することも始まった．選挙において政策が重要になると，今度は，議会における活動の活発化がもたらされ，それが，内閣への立法イニシアティブ権限の集中をもたらし，さらには，有権者が選挙において内閣をコントロールすることに関心を持つようになった．そうすると，選挙は，個々の議員を選出するというよりも政権を争う2大政党のどちらかに投票する政党志向の投票行動が中心となった．こうして，庶民院の総選挙を通じて間接的に首相を選出するシステムが登場し，個々の議員は首相の人気にあやかって当選するようになり，国政の方針について責任を負う内閣は選挙においても責任を負う存在となった．こうした変化とほぼ同時に，議会内では法案採決に党議拘束がかけられる頻度が高まり，政党の凝集性（party cohesion）が上昇した（Cox 1987）．これらの結果，基本的に内閣は庶民院の多数党によって組織され，内閣が提出する主要法案は多数党議員の支持を確保して成立するようになり，また，内閣は主要法案の成否を庶民院の内閣に対する信任問題と捉えることが多くなり，信任を失った内閣がとる選択肢は総辞職ではなく解散となった．総選挙は議員を選出するというよりも次の内閣と首相を決定する意味合いが強まった．こうして今日見られるイギリスの議院内閣制が登場したのである．

　議院内閣制は，従来一般に，議会の優位（parliamentary supremacy)および権力の融合(fused powers, unified powers)を意味している(Strøm 2000).すなわち,議会の多数派に支持された内閣は,行政権を担当するために選出された議会の委員会として,行政を担当するとともに立法を推進するため,権力の分立ではなく権力の融合が特徴となっている.国権の最高機関である議会は,内閣を選出し,内閣に立法の主導権を握らせることによって,統治機能を果たしている.政治的な実質は,議会の多数党が与党となり,与党党首が首相に,与党幹部が閣僚となって内閣を組織してフロント・ベンチに陣取っている.少数党は野党となり,野党党首が影の内閣の首相に,野党幹部が影の内閣の閣僚となって反対側のフロント・ベンチに陣取り,政府と野党が向かい合って,立法および政府政策をめぐって論戦を行うのである.内閣の行政権の行使は,議会の中で野党の批判にさらされながら行われている.

2. 議院内閣制の特質

この節では,大統領制と対比しながら,議院内閣制の特質について見ていきたい.議院内閣制と大統領制には,①政府と議会との関係,②政府の長の選出の仕方,③行政権のあり方,④議会の解散,⑤大臣と議会議員の兼職,⑥立法への関与などの点で根本的な差異がある.

第1に,政府と議会との関係については,議院内閣制では,政府の長である首相および首相が組織する内閣は,その存立の基礎を議会の支持の上に置き,議会に対して責任を負うという信任関係がある.すなわち,内閣は内閣信任決議案が否決されるか内閣不信任決議案が可決された場合には,議会を解散しない限り総辞職しなければならない.そして,議会を解散した場合には,総選挙後に新議会が召集されたときに内閣は新議会の信任を得られなければ存続する

ことができない．逆に，内閣が議会の信任を得ている限り，内閣はいつまでも存続し続けることができ，ゆらがない[2]．議院内閣制において内閣と信任関係にある議会は1院制の議会か，2院制の下院（イギリスの庶民院，日本の衆議院など）である場合が多いが，イタリアのように上下両院という例もある．

これに対して，大統領制では，政府の長としての大統領は憲法で規定された任期で選出され，大統領に対する弾劾というきわめてまれな場合を除いて，通常，議会によって解任されることはない．国によっては再選が制限されていることもあるので，大統領は1期あるいは2期の定められた期間だけ在任した後退任する．したがって，任期が終わりに近くなると大統領の指導力が低下するレイム・ダックになることも多い．

第2に，政府の長の選出の仕方については，首相は信任関係にある議会によって事実上選出される．そうでなければ，首相とその内閣は議会の信任をえられず，存続できないからである．首相は，議会の多数派の支持を確保しているか，少なくとも，多数派によって許容される必要がある．そうした首相候補は，総選挙の結果により自ずと浮かび上がってくる場合もあれば，選挙後の各党間の連立政権交渉をへてしぼられる場合もある．また，元首である国王や大統領による指名によって首相候補がしぼられる場合もある．

首相が実際に選出される手続は国によってさまざまである．たとえば，ドイツ連邦宰相は，政治的活動を行わない国家元首である連邦大統領の提案にもとづき，連邦議会において選挙され，過半数の投票によって選出された後，連邦大統領によって任命される（ドイツ連邦共和国基本法63条）．日本では国会で議員が候補名を記入する

---

[2] 日本では，新議会が召集されたときに内閣は総辞職し，内閣総理大臣の指名選挙が行われ，新内閣が発足する．同じ首相が内閣を組織する場合には総選挙後の首相指名選挙の度に第○次内閣と呼ばれる．

首相指名選挙が行われる．衆議院と参議院で指名の議決が異なった場合には，両院協議会を開いても意見が一致しなければ，衆議院の議決が国会の議決となる（憲法67条）．イギリスでは首相は宮殿に招かれて女王と謁見したときに任命されるが，通常，庶民院の多数党党首が首相に就任する．イタリアでは大統領によって任命された首相（通常は下院第1党党首）と首相の提案にもとづいて任命された大臣によって政府が発足するが，成立後10日以内に両議院の信任投票を経なければならない（イタリア共和国憲法94条）．この手続は就任時信任投票（investiture vote）と呼ばれる．2013年2月の総選挙では，中道左派連合が下院では過半数を獲得したが上院では第2勢力となったために，連立交渉が難航し，2カ月後にようやく中道左派の中核政党である民主党のエンリコ・レッタ前副書記長が首相に任命され，両院から信任された．

　これらに対して，大統領制においては，大統領は国民の投票にもとづく直接，あるいは間接の選挙によって選出される．アメリカの場合，国民の直接投票によって各州の大統領の選挙人団が選出され，その選挙人団が投票の過半数で大統領候補者を選出する手続になっているが，実際には，ほとんどの州で特定の大統領候補を支持する選挙人団が勝者総取り（winner takes all）方式で選出されるので（メイン，ネブラスカが例外で比例割り当て方式），有権者には選挙人を選出したという意識はなく，投票所で直接大統領候補者に投票するだけである．結局，有権者の候補への投票が州ごとに集計されて選挙人の数に換算されて過半数を超せば大統領の当選が決まる．

　第3に，行政権のあり方については，議院内閣制では行政権は首相および大臣で構成される合議体の内閣に帰属する．内閣の決定は合議体としての決定であり，内閣のメンバー全員がそれに拘束される．また，内閣は議会に対して連帯して責任を負う．日本では閣議の議事は慣習として全会一致で決定されている．イギリスでは，閣

僚たちの個人的見解や決定に参加したかどうかにかかわらず内閣の決定は全閣僚を拘束するとされ，閣僚たちは合意に至るまでに議論する機会を与えられるが，閣議決定について集約するのは閣議の主宰者である首相の役割であり，それが内閣事務局により議事録に記載される (Cabinet Office 2011)．内閣における首相の地位は同輩中の首席にすぎない場合から閣僚任免権および指揮監督権をもつ強力な場合までさまざまであるが，決定は閣議による合議で行われる．

これに対して，大統領制では行政権は独任制の大統領に専属する．大統領制においては各省長官で構成される内閣があるが，本来的に大統領に対するアドバイザー (secretary) でしかなく，大統領の決定に内閣の同意は必要ない．大統領は，閣僚の意見を聞いた上で，たとえ閣僚が反対したとしても，最終的に，単独で決定を行う．

第4に，議会の解散については，まず，一般的には，議会の解散は議院内閣制の重要な特徴であり，これに対して大統領制では議会が解散されることがない．しかし，大統領制と議院内閣制の中間形態である半大統領制の国においては，大統領の議会解散権が規定されていることもある．たとえば，フランスの大統領は，国民議会の解散権を持っている（フランス第5共和国憲法12条1項）．フランスの首相は直接公選される大統領によって任命されるが，首相と内閣は国民議会に対して責任を負い，信任を失えば総辞職しなければならない．首相と内閣は，不信任決議に対して国民議会を解散することができないので，フランスは解散権のない議院内閣制であるということができる．首相は国民議会の多数党の支持をつねに確保する必要があるため，総選挙後に議会の多数派が大統領の所属政党と異なる場合には，大統領は多数派の支持を得る首相を任命しなければならない．そこで，大統領は自分の所属する党派の議会勢力を増加させるためや党派の異なる首相との共存（コアビタシオン，co-habitation）を解消するために，解散・総選挙を行う機会をうかが

2. 議院内閣制の特質　23

うことになる.

　他方で，議院内閣制における解散権の行使のあり方も一様ではない. すでに見たように，19世紀前半のイギリスでは，内閣が庶民院の信任を失ったときに選ぶのは，解散よりも総辞職の方が多かったのであり，内閣が通常，解散を選択するようになるのは1870年代以降のことである. また，19世紀末のフランスの第3共和制では，議会によって間接選挙される大統領が議会解散権を事実上行使できなくなったために，解散権のない議院内閣制という特徴を持つものだった. また，第2章で詳述するように，現代ドイツでは，首相に対する不信任を表明するためには次の首相を選出しなければならないため（建設的不信任決議），議会の解散には至らず，信任決議案が否決された場合のみ大統領によって解散されるので，解散はまれである. ノルウェーには，議会の解散権規定自体がない.

　日本では，衆議院の信任を失った内閣が総辞職か解散を選択する場合（憲法69条），および，天皇の国事行為として衆議院を解散する場合（7条）が規定されている. 戦後初期には内閣の解散権をめぐる論争があり，解散権は69条のみにもとづかなければならないとする限定説と，7条によって内閣が助言と承認により天皇の国事行為として無制約的に解散権を持つとする説があるが，後者が通説および先例となっている. こうした解散権のあり方は，解散のほとんどない第3共和制のフランス型と対比されて，イギリス型に近いと捉えられ（宮沢 1951），また，日本の議院内閣制が立法権と執行権の間の均衡を特徴とし，そのために解散権の存在を重視する「均衡本質説」として捉えられた[3]. しかし，内閣が衆議院の不信任に対抗する形で「対抗的解散」（大石 1994）を行っても，新しく国会が召集された時に総辞職し，首相指名選挙が行われる. したがって，

---

3) 均衡本質説，責任本質説は，樋口（1978）によって定式化された. また，高見（2008）も参照.

解散は，内閣が次の国会に対して信任を求める政治的プロセスであって，内閣が国会に対抗するための手段ではない．内閣はつねに国会に対して責任を負い，国会の信任を得られる限りで存続するのである．したがって，行政府の存立には立法府の信任を必要とするという，内閣の議会に対する連帯的政治責任の原則こそが肝心であるとする「責任本質説」に帰着する．世界の議院内閣制諸国を見ても，解散権がなかったり，解散権の実際の行使が限定的であったりすることが多く，首相による自由な解散が一般化している国は，イギリス，日本，カナダ，デンマーク，ギリシャに限られ（小堀 2012），さらにイギリスも 2011 年以降は固定任期議会法（Fixed-term Parliaments Act）により，首相による解散は廃止された．

第 5 に，大臣と議会議員との兼職については，権力融合を特徴とする議院内閣制においては，閣僚が議員と兼職することが通常である．特に，イギリスおよびイギリス連邦の議院内閣制諸国ではすべての閣僚が議員であることが慣例となっている．大臣はそれぞれの所属する議院で担当する省における政策，決定，活動について説明し責任を負う．日本では首相および閣僚の過半数が国会議員でなければならないと規定され（憲法 68 条），議席の有無にかかわらずいつでも議案について発言するために両議院に出席することができ，また，答弁や説明のために出席を求められたときは出席する義務を負う（63 条）．

他方で，フランス，オランダ，ノルウェー，スウェーデン，ルクセンブルク，ベルギーなどでは兼職が禁止されているので，大臣に任命されたときには議会議員を辞職しなければならない[4]．しかし，大臣は議会に出席し，討論に参加することができる．兼職禁止規定は議会から分離した内閣の地位を強調し，議会に対する内閣の権限

---

4) 大臣在任中は，指名された代わりの人が議員の職に就く制度があることが多い．

を強くする傾向があるが，議院内閣制の中でのごく微少なバリエーションにすぎない（Lijphart 2012）．

これに対して，権力分立制をとる大統領制においては，閣僚である各省長官を始めとする政府職員は議会議員と兼職することができない．それだけでなく，大統領は，一般教書演説の時を除いて連邦議会に赴くことはなく，各省長官や政府職員は，連邦議会の委員会の公聴会に召喚される時以外は議会に出席できない．

第6に，立法への関与については，議院内閣制においては，政府が積極的に立法過程に関与する．イギリスでは大臣が提出する政府提出法案は，優先的に審議される．閣僚である与党院内総務と閣外相である与党院内幹事たちが野党の院内幹事たちとつねに議事運営を協議する通常の経路（usual channels）が存在する．議院内閣制諸国においては，通常，政府は議会への法案提出権を持っている．さらに，政府提出法案は優先的に審議されると規定されている国もある．この点で，日本は議院内閣制諸国の中ではやや特殊である．権力分立の建前から内閣は立法権の行使に関し介入することができないとされている．内閣法5条により内閣は法案を提出することができるが，これは，法律の発案は立法過程の不可欠の要素ではあるが立法そのものではないことから，国会単独立法の原則に抵触しないとされている（樋口1998）．しかし，いったん，法案が提出された後は，国会が自律的に議事運営を決定し，内閣は，制度的に国会の運営に関してほとんど介入する手段を持たない．内閣は，提出法案の内容についての質疑に対する答弁を通じて採択を訴える以外は，何も手の施しようがない立場に置かれている（成田1988）．内閣に代わって，政権与党の議員たちが政府提出法案の審議と可決のために活動する．

これに対して，権力分立制をとる大統領制においては，政府が議会における立法過程に公式に関与することはできない．政府には法

案の提出権がなく，政府が望む法案は大統領の政党に所属する議員を通じて提案される．アメリカ連邦議会は変換議会といわれるように，上下両院とも法案に大幅な修正を加えて可決することもしばしばであり，両院協議会における調整を経て成案が両院を通過すると，大統領に送付される．大統領は10日以内に法案を一括承認するか拒否するかしかできない．拒否権が行使された法案を両院が3分の2の多数によって再可決したときには，拒否権を覆すことができ，大統領の署名なしで法律となる．したがって，大統領には立法の議題設定権はなく，大統領は議会が再可決できない内容の法案を拒否権で廃案にするだけの影響力しかない（Tsebelis 2000; Krehbiel 1998）．

3. 委任と責任の連鎖

さて，次に，現代民主政治において議院内閣制と大統領制がどのように異なる政策プロセスをもたらすかを比較していこう．議院内閣制は，単に議会と内閣の関係にとどまらない．また，政治家によって構成される内閣と職業行政官によって構成される行政官僚制の政官関係も，全体の政策プロセスの一部として捉えていく必要がある．そうすると，議院内閣制における現代民主政治の政策プロセスは，有権者からスタートする委任と責任の連鎖として捉えることができる．こうした捉え方は，日本でも一般に広く共有されている（たとえば，川人 2005；飯尾 2007；西尾 1995；松下 1977）．

ストロムは，経済学のプリンシパル・エージェント・モデル（principal-agent model，本人・代理人モデル）を用いてこの政策プロセスを説明している（Strøm 2000）．プリンシパル・エージェント・モデルは，本人が代理人に一定の業務を委任するわけであるが，本人が代理人の行動を必ずしもつねに監視できない状況を想定している．一般的には，本人であるわれわれが弁護士を代理人に選

図1-1　議院内閣制

有権者 → 議会 → 首相 → A省大臣 → A省
　　　　　　　　　　　　→ B省大臣 → B省

出典：Strøm（2000）

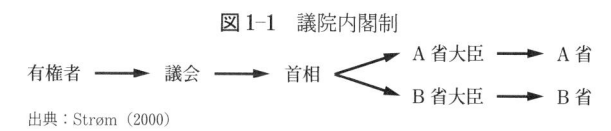

んで法的問題を処理してもらったり，医師に病気を診てもらったりする関係が，そうである．本人は自分で病気を治せないので，医師を代理人にして，治療を委任するわけである．本人は，法律問題の解決や病気の治療など依頼したい内容ははっきりわかっているが，それについて具体的にどうしたらよいか詳しい知識を持っているわけではない．したがって，こうした委任は，代理人が本人よりも専門的な知識や技術を持っていて，本人は持っていない，あるいは，本人が自分で直接行うことができない場合に，発生する．民主政治においても，本人である有権者は政治問題を直接判断する能力や知識が必ずしも十分ではなく，また，有権者が直接参加する直接民主政治は不可能なので，代理人である職業政治家に依頼して，代表民主政治が行われる．それによってよりよい政策決定が行われるかどうかは一概に論じられないが，少なくとも効率的な決定が行われると考えられる．

　図1-1は議院内閣制（parliamentary government）における委任と責任の連鎖を図式化したものであり，4つの段階として捉えることができる．第1に有権者から選挙で選出された議会議員への委任，第2に議会議員から首相（内閣）への行政担当の委任，第3に首相から行政各部の大臣への分担管理の委任，第4に各省大臣から各省の行政官僚制への行政実施の委任である．この委任の連鎖は，逆方向からみると責任の連鎖でもある．委任が本人の利益にかなうようにするためには，本人は，代理人に委任した業務を誠実に実施させるための手段を必要とする．代理人が本人に対して責任を負うということは，（1）代理人が本人に代わって本人の利益となるよう

行動をする義務を負うこと，および，(2) 本人が代理人の義務の遂行のいかんにもとづいて代理人に報酬を与えたり，ペナルティを科したりする権限を持つことを意味する．現代民主政治の政治制度には，本人が代理人に委任し，かつ事後的に代理人の責任を問うことのできるメカニズムが組み込まれている．図の矢印付きの線で表される委任―責任関係は，こうした本人―代理人の関係として捉えることができる．たとえば，有権者は，議員に議会での活動を委任するわけであるが，有権者の利益にならない活動をした議員は，次の選挙で落選させられる．議会は，有権者の委任を受けて，今度は内閣を選任して行政を委任するが，議会および有権者の利益にならない内閣は不信任される．

図1-1からわかるように，議院内閣制は，4つのリンクからなる1つの連鎖であるため，委任関係は単純ですっきりしている．直列型の委任関係である．1つ1つのリンクでは，単一の本人から所管の明確で競合しない代理人への委任が行われる．純粋な議院内閣制のモデルは，1院制議会において，有権者が小選挙区制選挙によって議会議員を選出し，議会議員が首相を選出して行政各部の指揮監督を委任する．首相は大臣を任命して行政各部の担当を委任し，大臣は行政官僚制に対して行政の執行を委任する．この委任の連鎖において，国民・有権者は究極の本人であり，政治的能力や知識はあまり高くない．委任の連鎖が右へ進むにしたがって，専門的知識や能力が高くなっていく．行政官僚制は究極の代理人ということになる．

委任関係を逆方向からみると責任関係となるが，議院内閣制における責任関係も当然すっきりしていて，直列型であり，代理人は単一の本人に対して責任を負う．すなわち，行政官僚制は大臣に対して責任を負い，大臣は首相（内閣）に対して責任を負い，内閣は議会に対して責任を負い，議会は有権者に対して責任を負う．

図 1-2　大統領制

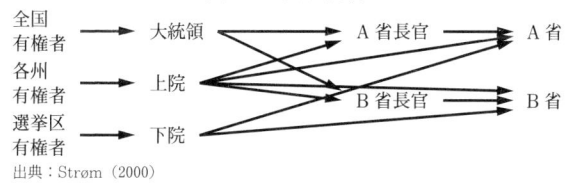

```
全国
有権者     →  大統領  ─────→  A省長官  ─────→  A省
各州
有権者     →  上院     ─────→  B省長官  ─────→  B省
選挙区
有権者     →  下院
```
出典：Strøm（2000）

　アメリカに代表される大統領制（presidential government）における委任と責任の連鎖関係は，図 1-2 のように捉えることができる．有権者は，異なる選挙区基盤から，大統領，上院議員，下院議員という複数の競合する代理人を直接選挙で選出する．大統領と議会は権力分立原理によって抑制・均衡の立場に立つから，両者の間には議院内閣制のような委任―責任関係はない．権力分立と委任―責任関係は両立しない．あるのは，有権者と大統領および有権者と議会という並列型の委任―責任関係である．大統領制では，各省長官や各省などの代理人が複数の本人（依頼人）をもつため，委任―責任関係は単純な連鎖ではなく，格子状になる．大統領による各省長官の任命には，上院の助言と承認が必要であるため，各省長官は，大統領と上院という複数の本人をもつ代理人の立場に立つ．また，行政権は大統領 1 人に帰属するが，連邦議会は，広範な国政調査権をもち，合衆国憲法で規定された行政組織編成権（1 条 8 節 18 項）によって，各省庁の設立・改廃の権限をもち，省庁の活動や内部組織や行政手続を規定する法律を制定する．各省は，法律によって議会に対する定期的な報告義務を負っている場合が多い．こうして，議会，特に所管の委員会は，立法，予算，行政監視の権限を通じて所管の省をコントロールするため，各省は，大統領と議会をともに本人とする代理人の立場に立つ．

　議院内閣制と大統領制とでもっとも大きく違うのは，行政部と立法部の関係において委任―責任関係が一本になるか，ならないかと

いう点である．すなわち，議院内閣制では，国民の代表である議会と政府行政機関とを首相（および内閣）だけがつなぐ．しかし，大統領制では，議会と大統領とが別々に選挙によって選出され，それぞれが行政機関と関係をもつことになるわけである．

こうした委任―責任関係において，必ず発生するのが代理人問題である．代理人は，本人からの委任を受けて，本人の利益のために行動することになるが，はたして本当にそう行動してくれるか，本人には必ずしもわからない．本人は代理人の能力を必ずしもよく知らないため，思いがけない代理人の能力不足や怠慢によって本人の利益を損なうことがあるかもしれない．あるいは，代理人には本人と異なる自分の利益があり，それが本人の利益と相反するため，意図的に本人の利益を損ねるかもしれない．したがって，代理人は必ずしも本人の利益に沿うように行動しない可能性がある．たとえば，大臣が首相の意のままにならない，官僚が大臣の意のままにならない，ということである．このように，プリンシパル・エージェント・モデルは，代理人の行動に関する規範的なモデルではなく，代理人が本人の利益を損ねることもあることを認める実証的な理論モデルである．代理人が本人の利益と反する行動をとると，損害が発生する（エージェンシー・ロス，agency loss）．しかも，ほとんどの場合，本人は，代理人の行動をいつも見ていることは不可能であり，代理人が知っていることをすべて知ることもできないから，本人と代理人には情報の非対称性が存在し，それによって発生する代理人問題は深刻である（曽我 2013）．そこで，本人は，代理人がもたらす可能性のある損害（エージェンシー・ロス）を防ぐため，代理人にそのような行動をさせないためにさまざまな監視活動を行う[5]．

---

5) 行政官僚制の政治的コントロールの具体的方策については，第5章を参照．

ストロムは，キーウィートとマッカビンズの研究を引用して，本人が代理人による損害を防ぐための方策として，(1) 契約設計，(2) 選考メカニズム，(3) 監視と報告義務，(4) 制度的抑制の4つがあることを指摘している (Strøm 2000; Kiewiet and McCubbins 1991)．(1) 契約設計とは，本人と代理人の間で利益が共有されるようにすることによって，代理人が本人の利益と異なる利益を追求しないようにすることである．(2) 選考メカニズムとは，よい代理人を選別するための方法を考案することである．これら2つは事前 (ex ante) に機能する方策である．(3) 監視と報告義務は，代理人に対して本人に必要な情報を提供することを義務づけることで，本人が情報を把握することである．報告書の提出，決算による監視，答弁のために本会議や委員会に出席を求めること，あるいは証人喚問などである．(4) 制度的抑制とは，代理人の決定に対して他の代理人や第三者に拒否権を与えることで，チェックすることである．これら2つは事後的 (ex post) な方策である．もちろん，これらにかかるコストが，代理人に委任することで得られる利益よりも大きければ，代理人を選任する意味がないので，監視活動には限度がある．

　議院内閣制と大統領制を比較すると，委任と監視について，いくつかの違いを指摘できる．第1に，議院内閣制の方が，委任─責任関係は有権者から行政機関まで何段階かあるので，大統領制よりも間接的である．大統領制では直接選出される公職が多いので，より直接的な委任関係である．第2に，大統領制では，代理人が競合関係にある場合が多いが，議院内閣制では代理人の競合は基本的にない．第3に，議院内閣制では制度的な均衡・抑制が働かない．これは，立法部の多数派が行政部を形成するため，両者は基本的に対立しないからである．内閣の提案した法案は議会であまり修正されることなく可決成立することが多い．これに対して，大統領制では，

競合する代理人が互いに抑制しあう政策プロセスが意図的に形成されている．大統領の望む法案が，そのままの形で連邦議会で可決成立することはあまりない．第4に，議院内閣制では，事後的な監視メカニズムよりも事前のコントロール・メカニズム，特に選考メカニズムにより依存しているといえる．例としては，内閣閣僚の選出が議員経歴や議会での活動実績にもとづいて行われることなどがあげられる．

これらの特徴から導かれる結論は，第1に，委任―責任関係が単純な連鎖となっている議院内閣制の方が，行政効率が高いだろうということである．本人と代理人はほぼ1対1であるから，本人の意向が代理人に明確に伝わり，大統領制のように代理人が競合する本人からの委任に直面することもない．そして，議会多数派と内閣が同じであるように，本人と代理人が同じような利益をもちやすいことも，行政効率を高める要因である．これまでの研究では，新しい政策の立法および実施（環境立法と環境行政などについて）は，大統領制（アメリカ）よりも議院内閣制（イギリス）において効率的に行われ，政策実施の費用対効果も高いことが指摘されている (Moe and Caldwell 1994)．

しかし，第2に，他方で，単純な間接的な委任―責任関係は，全体的なエージェンシー・ロスを大きくする可能性が高いことである．委任関係のどこかで代理人問題が発生すれば，それはシステム全体に響くからである．単純な委任関係の短所は，代理人が本人以外からの制約や競合にあまりさらされていないことである．代理人は本人にだけ情報提供し，説明すればすむわけである．その場合，本人が代理人から得た情報は他にソースがないわけだから，信頼性に欠けることになる．（たとえば，府省から大臣に都合の悪い情報が上がってこないこともある．）これに対して，本人―代理人関係が競合していれば，複数の代理人はさまざまな情報を複数の本人に送り，

その分，本人は的確な判断や指示を行うことができ，それによってエージェンシー・ロスを減らすことができる．

第3に，大統領制では，行政効率はおそらく高くないが，代理人問題，特にエージェンシー・ロスを抑制するメカニズムはよく機能するということができる．要するに，代理人は，制度的監視下におかれているために，本人の利益に反する行動をとることが抑制される．また，競合する代理人の相互の抑制メカニズムにより，必要な情報が開示されることも，透明性の高い政治過程を保証することになる．

4. 日本の内閣制度[6]

(1) 戦前の内閣制度

次に，日本における内閣制度の変遷について，見ていこう．

民主政治の政治制度として議院内閣制がわが国で採用されたのは，1947年に日本国憲法が施行された時であるが，内閣制度自体は明治の大日本帝国憲法（明治憲法）制定以前の1885年から採用されていた．この年，太政官達69号によって太政官制が廃止されて，内閣総理大臣（首相）以下各省大臣からなる内閣が置かれた．同時に制定された内閣職権において，首相は「各大臣の首班として機務を奏宣し旨を承て大政の方向を指示し行政各部を統督す」（1条）と規定されたほか，行政各部に対する説明要求，処分・命令の中止，行政事務の状況報告を受けることなど広範な権限を持つことが規定された．日本の最初の内閣制度は，天皇を輔弼する各省大臣に対して首相が強大な指揮監督権限を持って内閣を統合する大宰相主義を

---

[6] この節は，主として，川人（2005, 2010）によっている．

とっていた.

　しかし，1889年の明治憲法には，内閣に関する規定はなく，「国務各大臣は天皇を輔弼し其の責に任す」(55条)と規定されただけであり，各省大臣が天皇に対する単独輔弼責任を負うだけになった．憲法と整合性をとるために内閣職権に代えて制定された内閣官制では，首相は「各大臣の首班として機務を奏宣し旨を承けて行政各部の統一を保持す」(2条)と規定され，首相の地位は大宰相から同輩中の首席として内閣の一体性を保つために調整する存在となり，責任のウェイトは行政各部を担当する各省大臣の方に移った．内閣は，各省大臣として単独で天皇を輔弼する責任を持つ国務大臣が方針を調整し，統一すべく協議するための組織体にすぎなかった．

　戦前の内閣制度の特徴について，3点指摘しておこう．第1に，内閣は統治権を総攬する天皇に対して輔弼責任を負う国務大臣の組織体であるが，加えて，天皇の諮詢に応え重要な国務を審議する機関として枢密院が置かれた(明治憲法56条)ため，内閣は天皇に代わって国政を担当する役割を独占したわけではなかった．天皇の大権である外交・官制などについて，枢密院は天皇の最高諮問機関として重要な決定を行い，内閣の方針に干渉したこともあった．この点で，イギリスのように枢密院のインナー・グループから発展して実権を掌握した内閣と儀礼や公式行事のみに関わる枢密院の関係と比べて，日本の内閣は弱い立場にあった．内閣の大臣たちは職権上枢密顧問官に併任されたが，大臣でない顧問官の方が多いため，多数決による議事決定において内閣は不利だった．1927年の金融恐慌の際，若槻礼次郎内閣が台湾銀行救済のための緊急勅令を制定しようと枢密院へ諮詢したところ，若槻内閣の外交政策に批判的な枢密院はこれを否決したため，若槻内閣は総辞職に追い込まれた．

　第2に，明治憲法において「天皇は陸海軍を統帥す」(11条)と規定されて，統帥権は天皇の大権として独立しており，内閣は軍令

事項には関与できず，軍政事項に関してのみ陸海軍大臣が輔弼責任を負うことになっていた．したがって，内閣は軍事作戦や指揮命令には口出しすることができず，軍を抑える手立てがなかった．さらに陸海軍大臣についても，武官制および現役制が導入されたため，軍部の意向次第で大臣を得られずに組閣が失敗したり，内閣が崩壊したりすることとなった．

　第3に，戦前の内閣は，大臣が天皇を輔弼する責任を負うだけであり，議会に対しては責任を負わない超然内閣であったが，政党政治が発達するにしたがって次第に内閣と政党が提携するようになり，1920年代には衆議院の多数党を基礎とする政党内閣の時期も訪れた．明治憲法体制では，議会の支持の上に存立し，議会に対して責任を負う議院内閣制は，排除されていた．したがって，天皇の信任がある限り内閣は議会の支持のいかんにかかわらず存続できた．内閣は，議会の召集，開会，会期の延長，停止，衆議院の解散などの権能を持ち，停会，解散などの強権をしばしば発動した（内閣制度百年史編纂委員会1985a）．しかも，議会の会期は通常会が3カ月しかなく，この期間を乗り切ってしまえば，あとは議会によって左右されることなく政権を運営することができた．衆議院の反対が強いときには，解散を行えば5カ月以内に特別会を召集すればよく，態勢を立て直すための時間をかせぐことができた．

　初期議会の頃には，超然内閣は，皇族・華族および勅任議員で構成され藩閥勢力の藩屏である貴族院の支持を確保していたが，公選議員で構成される衆議院の政党とはしばしば対立した．政府は買収で反対議員を切り崩したり，解散後の総選挙で大規模な選挙干渉を行ったりして，政党勢力を弱めようとした．当初，衆議院は内閣不信任の意思表示を明治憲法に規定のある天皇への上奏（49条）の形で行ったが，天皇がこれを採用せず，逆に議会が解散に追い込まれることもあった（前田2007）．次第に，衆議院は憲法にも議院法に

も規定のない決議の形で内閣不信任を表明するようになった．決議には法律上の効果はないから，不信任決議は内閣の進退に対して法的効果を持たない．しかし，政治的には，衆議院は今後政府が提出する予算も法律も可決しないという意思表示であるから，不信任決議案の上程および議決は，内閣総辞職あるいは解散に至ることが多かった．その最初の事例は，1897年に第2次松方正義内閣に対する不信任決議案が提出されたとき，その趣旨説明に入る前に，松方内閣が衆議院を解散し，同時に内閣総辞職したことである．

しかし，法律の制定，予算については議会の協賛を得なければならず，緊急勅令も次の議会で承諾を得なければ以後無効となった．こうして，政党政治が次第に発達するにしたがって，内閣は衆議院の多数と対立したままでは存立することが困難になっていき，衆議院の多数を占める政党と提携するようになっていった．大臣と議会議員との兼職は禁止されていなかったので，超然内閣の時代には貴族院議員が首相および大臣に就任することが多かったが，内閣が政党と提携するようになってからは，衆議院議員が大臣に就任するようになった．1918年には衆議院議員として初の首相に原敬が就任した．こうして超然内閣から衆議院多数党の支持を基礎とする政党内閣の時代へと徐々に移っていった．1925年には政務次官および参与官が設置されて，議会議員が就任できる政府の役職が増加した．立憲政友会と立憲民政党の2大政党期には，一方が政党内閣を組織し，政策的行き詰まりによって倒れた場合に他方の政党が次の内閣を担当する慣行が行われた．この「憲政常道」は，総選挙結果にもとづく多数党による政権担当ではなく，元老の奏薦にもとづいて天皇が任命する首相が所属する政党の支持を基礎として少数党内閣を議会閉会中に組織し，その後の議会（必ずしも政権交代直後でない）において解散・総選挙を行って，多数党になるという点で，通常の議会制民主主義とは異なっていた（川人1992）．

政党内閣の時代は，1932年の5・15事件で犬養毅首相が暗殺された後，元老の西園寺公望が政党政治家を後継首相に奏薦しなかったことにより終焉した．

　このように戦前の内閣は，統治権を総攬する天皇を補佐する国家諸機関が競合するきわめて分権的な明治憲法体制のもとで，首相が弱い指導力しか発揮できず閣内不統一によって瓦解することもしばしばであり，また，枢密院，軍部，貴族院の存在は内閣による国政の統一の推進を困難にする大きな障害となっていたのである．

(2) 権力分立制と組み合わされた議院内閣制

　前述のとおり，一般に，議院内閣制は，議会優位と内閣における権力の融合を特徴としている．議会の多数派に支持された内閣は，行政権を担当するために選出された議会の委員会として，行政を担当するとともに立法を推進するため，内閣は行政と立法の2権ともをコントロールすることになる．国権の最高機関である議会は，内閣を選出し，内閣に立法の主導権を委任することによって，統治機能を果たす．こうした議院内閣制は，イギリスで誕生し，西ヨーロッパや世界各国に広まった．戦後，日本にも採用され，衆議院の多数党の支持によって存立する政党内閣がつねに組織されるようになった．

　日本国憲法には上記の議会優位にあたる国会中心主義と議院内閣制が規定されている．しかしながら，わが国では権力分立制が前提とされているために，議院内閣制が権力の融合となるイギリスとは異なっており，権力分立制と組み合わされた国会中心主義と議院内閣制になっている．

　明治憲法体制における議会は法律制定および予算への協賛，勅令の承諾などの権限を持ったが，その地位は低く活動も限られていた．それに対して，内閣は天皇を輔弼する国務大臣の協議体であるとい

っても，協議される政務の範囲は広範にわたり，議会の運営にもかなり介入することができたため，優位にあった．統治機構を民主化するために，連合国総司令部（GHQ）は国民代表の機関である国会を強化することを重視して議院内閣制を採用するマッカーサー草案を起草し，日本国政府に憲法改正を要求した．新憲法の制定によって，統治権を総攬する天皇を補佐する国家諸機関が競合するきわめて分権的な明治憲法体制から，「国権の最高機関であって，国の唯一の立法機関である」（41条）国会と，国会によって指名される首相が組織する内閣が行政権を担当し，国会に対して連帯して責任を負う民主的な政治制度へと移行した．

しかし，憲法学および実務においては，41条の国権の最高機関や唯一の立法機関という憲法規定の解釈には，権力分立制のために生じる留保が付け加えられる．たとえば，「国会が国権の最高機関であるといっても，行政権や司法権をみずから行使したり，指揮命令したりすることはできず，その上，国会の活動自体が他の2権によって制約をうけてさえいる」とされる（樋口1998）．自由主義的な権力分立によって国会の最高機関性は相対化され，立法権と行政権とが互いに抑制・均衡の立場に立つことになる．

国会が唯一の立法機関であることは，国会中心立法の原則と国会単独立法の原則を意味する．前者は，立法がすべて国会を通し，国会を中心に行われるべきことを意味し，国会が関与しなければ法律は制定できない．そして，後者は，立法が国会の意思だけによって完結的に成立し，他の機関の意思によって左右されないことを意味する．しかし，内閣が法律案を提出することはこれに抵触しないとされており，内閣法5条は，内閣に法律案の提出を認めている．ただし，内閣ができるのはそこまでであって，国会の専権事項である立法権の行使に関しては介入することができない．また，理念的には国会は議員提出法案を中心にして自己完結的に立法権を行使する

ことが望ましいことになる．

　国会は，天皇の国事行為である召集によって集会し活動を開始するが，国会中心主義にもとづいて自律的に運営される．それは，戦前において議会の地位が低く権限が弱かったために，内閣にコントロールされない国会制度を作ることが求められたからである．国会の議事運営は，戦前の政党政治の慣行を引き継ぐ形で整備され，多数党が国会における主導的な地位を占め，他の政党と協力して，立法その他の議事を国会独自に推進する．議事運営について同意を求められるのは国会内の政党各派であり，内閣ではない．国会中心主義は，このように国会の威信の向上と権限強化と結びつき，政党間協調の慣行と内閣による議事運営への介入を排除する制度をもたらした．内閣は，制度的には，国会の組織および運営に関してほとんど介入する手段を持たない．

　他方で，憲法では「行政権は，内閣に属する」（65条）と規定された．分権的な明治憲法体制の下では，内閣は行政権を独占できず，しばしば，軍部，枢密院，貴族院の干渉によって崩壊せざるをえなかった．したがって，この新憲法の規定は，内閣を行政権を独占する機関として強化したといえよう．その上で，内閣が「行政権の行使について，国会に対し連帯して責任を負う」（66条3項）議院内閣制が規定された．首相は国会議員の中から国会の議決で指名され（67条1項），大臣の過半数は国会議員であり（68条1項），衆議院で不信任決議案が可決，あるいは信任案が否決された場合には，10日以内に衆議院を解散するか内閣総辞職をしなければならない（69条）．

　議院内閣制は，内閣がその存立の基礎を議会の支持の上に置き，議会に対して責任を負う体制である（衆議院・参議院 1990）．したがって，国会と内閣は委任―責任の関係にある．さらに，国会内では与党・内閣対野党の対立をもたらす．政治的な実質は，国会の多数

党が与党となり，多数党党首が首相となり，閣僚も多くが多数党議員から選出される．国会の少数党は野党として，内閣を批判し，次の政権をねらう立場に立つのである．しかし，内閣は国会の多数党によって支持されているから，通常，不信任決議案が可決されることはなく，総選挙は，内閣が衆議院議員の任期内で自由に選んだ時期に実施することになる．そして，国会の政党勢力分野が変化して新しい多数党が登場すると，その支持を受けた新しい内閣が選出される．

議院内閣制においては，内閣が積極的に立法提案を行って主導的な地位に立つのが通常であり，国会の多数党によって支持された内閣が提出した法案は，少数党である野党が反対しても，内閣を支持する多数党の賛成によって可決されることになる．ただし，首相と閣僚はいつでも議案について発言するため議院に出席することができるが，内閣が「一旦提出した議案のその後の運命については，その内容についての質疑に対する答弁を通じて採択を訴える以外は，世界でもほとんど類のない程に何も手の施しようがない立場に置かれ」ている（成田 1988）．権力分立制と組み合わされた国会中心主義によって，内閣は立法権に制度的に介入できないのである．

しかしながら，同時に，議院内閣制も権力分立制と組み合わされているので，内閣は単に国会に対して責任を負うだけの存在ではなくなる．すなわち，強化された行政権を独占する内閣は国会と抑制・均衡の関係にあって，行政権としての自律性や固有の権利の行使が認められるべきであるという議論になる．今度は，国会が内閣の行政権に制度的に介入できなくなるのである．ところが，その行政権が帰属する内閣は，戦前とあまり変わらない形で制度化されたため，内閣と首相から大臣，行政官僚制へとつながる委任—責任の連鎖があまり有効に機能しなくなる結果となったのである．すなわち，内閣に属する行政権は，各大臣が主任の大臣として行政事務を

分担管理することになり（内閣法3条1項），戦前の大臣単独輔弼制と類似する．内閣がその職権を行うのは閣議によるとされ（4条1項），首相の行政各部に対する指揮監督権も閣議にかけて初めて行使できることになった（6条）．これらにより，行政権は各大臣によって分担管理され，首相が強力な指揮監督権を行使することが困難になったのである．また，国家公務員法と国家行政組織法の制定・改正により，各省庁の政治的任命職は，戦前とあまり変わらず大臣と政務次官だけになった．権力分立制は，議院内閣制における政官関係の委任—責任関係を弱くし，大臣と行政官僚制による行政権行使を保障するよう働いたのである．

こうして，戦後の政治システムは，権力分立制と組み合わされた国会中心主義および権力分立制と組み合わされた議院内閣制としてスタートした．すなわち，国会は内閣を通じて以外に行政権にかかわる事項に介入することができず，内閣は国会与党を通じて以外に立法権にかかわる事項に介入することもできない．しかも，国会中心主義の議会運営は，制度的に内閣による介入を排除した上で，多数党と少数党が協力して合意を調達しながら進める戦前の慣行を引き継いだ．しかし，同時に公式制度化された議院内閣制は，多数党が少数党の反対を押し切って内閣提出法案（閣法）を可決成立させることを求めたのである．

国会中心主義（議会優位）と議院内閣制は，イギリスのように権力の融合の下では対立しないが，わが国のように権力分立制と組み合わされたときには，矛盾・対立する方向性を持ち，戦後政治過程に特定の政策的帰結をもたらしている．川人（2005）は，国会と内閣の関係が2つの対立する制度によって規定されている戦後日本の政治システムを「二重の国会制度モデル」として分析している．このモデルが，図1-1の議院内閣制のモデルとどのように異なっているかを見ていこう．すなわち，国会中心主義と議院内閣制とが権力

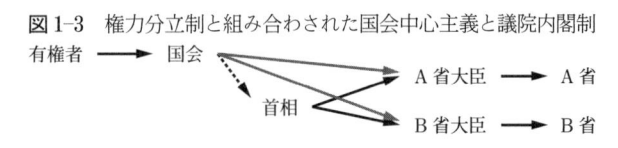

図 1-3 権力分立制と組み合わされた国会中心主義と議院内閣制

有権者 ──→ 国会 ──→ A省大臣 ──→ A省
　　　　　　　首相　　　　B省大臣 ──→ B省

分立制と組み合わされているために，図 1-1 のような議会と内閣の間の委任─責任関係を中心に，前後に委任─責任関係がひとつなぎになっていく構造とは異なってくる．わが国では，議会と内閣の関係が二重になって，一方では図 1-1 のような通常の委任─責任関係としての議院内閣制であるが，他方で，同時にそれが権力分立制と組み合わされた国会中心主義，権力分立制と組み合わされた議院内閣制として，内閣にコントロールされずに自律的に運営される国会と，固有の行政権を行使する内閣とが抑制・均衡の関係に立つ．抑制・均衡の関係であれば，むしろ，図 1-2 に近くなり，立法権と行政権の間に委任─責任関係は存在しなくなる．図 1-3 は，こうした二重の国会制度の関係を表すモデルであり，そこでは，国会と内閣（首相）の間の委任─責任関係は明確な実線ではなく，それよりも薄い点線の矢印として記してある（川人 2010）．そして，内閣と国会がそれぞれ独自に行政と立法を行うとともに，行政各部の大臣や官僚制に対しては競合する本人の立場に立つので，国会から各省大臣への委任─責任関係の矢印をやや薄い実線で記してある．国会は固有の立法権を活用して閣法修正や議員立法を行い，国政調査権を行使して，政府諸機関に対して本人の立場に立つ．

　二重の国会制度が国会活動においていかなる制度的帰結をもたらすかを考察するために，川人（2005）は空間モデルを活用している．空間モデル分析では，一般的な議院内閣制における立法過程の制度的帰結をベースラインとして，わが国の国会制度がもたらす制度的帰結について考察している．こうした制度的帰結は 2 つあり，1 つは手続的帰結である．手続的帰結とは，国会中心主義的議事運営の

制度が，閣法と議員立法の双方の立法過程に対して及ぼす制度的帰結であり，具体的には，立法の遅延や継続審議や廃案という帰結をもたらすということである．もう1つは政策的帰結である．これは，国会中心主義の立法，すなわち，内閣が関与しない議員立法が政策的内容に対して及ぼす帰結であり，具体的には，一般的な議院内閣制の政策的帰結である閣法に比べて，国会中心主義的な立法である議員立法が，政策的にみて，どれだけ違う結果をもたらすかということである．

モデルの詳細な分析は川人（2005）にゆずり，その分析結果をまとめた2つの命題を提示する．

命題1：「議院内閣制においては，内閣および首相は，国会中心主義的議事運営によってもたらされる手続的帰結を基本的に好まない．」

命題2：「議院内閣制においては，内閣および首相は，議員提出法案が可決成立することによってもたらされる政策的帰結を，内閣提出法案の成立によってもたらされる政策的帰結より，基本的に好まない．」

これらの理論的命題は，国会制度の形成・変容と議会運営をめぐる政党間競争の実証的研究に対して基本的仮説を提供する．すなわち，命題1からは，戦後政党政治が安定化するにつれて国会中心主義的議事運営は変容を迫られるという仮説，命題2からは，与党側から提出される議員提出法案は減少するという仮説を導きだすことができる．これらの結果として，戦後政治過程において，国会中心主義の国会は，徐々に議院内閣制の国会へと変容していったと考えられる．

(3) 戦後日本の政治過程

さて，国会中心主義と議院内閣制という2つの制度が権力分立制

と組み合わされたために生じる矛盾は，国会運営においては，多数党に難しい問題を突きつけている．すなわち，多数党は，内閣を支える立場から，多数決によって内閣提出法案の可決成立を促進することを優先する．他方で，国会運営における中心的役割を担う立場から，少数党と協議して合意を得ながら進める必要もある．したがって，多数党は，国会における審議や決定の場面において，国会中心主義と議院内閣制のどちらを優先するかによって異なる行動を選択せざるを得ない．

そこで，戦後の国会における政党政治は，国会中心主義と議院内閣制という2つの対立する決定ルールを含意する国会制度の下で，多数党が微妙なバランスをとりながら国会の立法生産性を高めるよう努力し，少数党が少しでも多数党や内閣の進める立法を遅らせたり譲歩させたりするよう努力するプロセスとして展開された．それと同時に，こうした矛盾する制度ルールをより整合的にするための制度変更をめぐって，多数党と少数党が争っていき，そして，徐々に議院内閣制により合致するように国会運営のルールが作りかえられていくという展開をたどっていったのである．

(2)で提示した2つの命題は，内閣・首相が，基本的に，国会中心主義の手続的帰結および政策的帰結を好ましく思わないことを明らかにしている．そこで，内閣・首相は，自分が好ましく思わない国会中心主義の手続的帰結および政策的帰結を避けようとすると考えられる．その役割を担当するのは，国会内で内閣を支持する与党である．与党は戦後政党政治が安定するにつれて，国会中心主義的議事運営を変化させ，内閣の関与しない議員立法を減少させることによって，軸足を全会一致的な国会中心主義から多数決的な議院内閣制へと徐々に移していくことになったのである．

第1に，与党は，戦後の政治過程において，国会中心主義的な議事運営を変化させていった．議院運営委員会（議運）と議事運営機

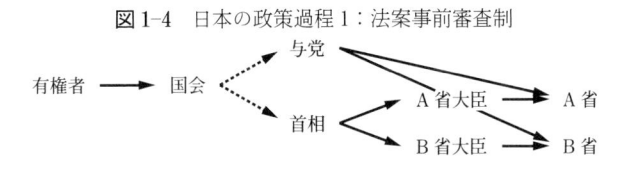

図 1-4　日本の政策過程1：法案事前審査制

関について行った分析の結果，国会運営における全会一致の慣行が「神話」であり，戦後のごく早い時期にすでに壊れてしまったことが明らかになった（川人 2005）．議運における多数決採決案件の数量分析では，特に 1980 年代以降多数決採決がごく普通のこととして行われていることが明らかになった[7]．

　第 2 に，与党は，内閣が関与しない議員立法を減少させることによって，国会中心主義の帰結を排除しようとした．すなわち，戦後政党政治が安定化するにつれて与党側から提出される議員提出法案は減少していったが，それは，議員立法が予算を伴う場合が多く，大蔵省が追加的に予算措置を講ずる必要があるためひどく嫌っていたからである．そこで，こうした議員立法を，議員立法としてではなく，各省，大蔵省と自民党政務調査会（政調会）部会との間の調整を経た内閣提出法案として行うように法案決定過程を整備していくことで，議員立法は 1950 年代後半以降，衰退していった（川人 2005）．

　それらの結果，徐々に国会中心主義の国会から議院内閣制の国会へと変容していった．これは，図 1-3 のモデルから図 1-4 のモデルへの変化として表すことができる．ここで，委任—責任の連鎖から独立した存在として与党・自民党が登場して，各省に対する本人の位置に立ち，自民党政調会で閣法の事前審査を行うことになり，各

7）　国会の立法過程を研究した増山（2003）においても，国会を議院内閣制において多数を占める与党が影響力を行使する政治制度として捉えた上で内閣提出法案の分析が行われている．

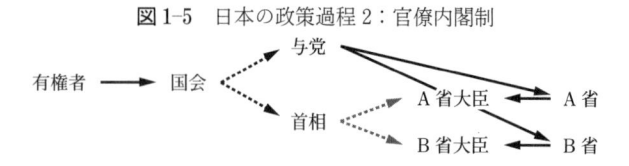

図 1-5　日本の政策過程 2：官僚内閣制

有権者 ⟶ 国会 ⇢ 与党
国会 ⇢ 首相 ⇢ A省大臣 ⟵ A省
首相 ⇢ B省大臣 ⟵ B省
与党 ⟶ A省大臣, B省大臣

省は与党の意向を組み込んだ法案を作成する必要が出てくることになる．これがだんだん高じるといわゆる族議員，党高政低の政治過程が確立していくことになった．その結果，首相や内閣の指導力が低下し，与党と内閣の「権力の二重構造」と呼ばれる状態が生じた．ここで注意しておきたいことは，権力の二重構造は，単に誰が政策決定をコントロールするかという問題ではなく，与党と内閣・官僚制との間に存在する政策的選好の違いを調整するプロセスであることである．すなわち，議員立法は国会独自の立法形式であり，政府とは異なる与党議員の政策的選好を実現させる手段であった．それが，政府提出法案の事前審査という与党プロセスが整備されることによって，与党は議員立法に代えて閣法に自分たちの政策選好を反映させることができるようになり，議員立法を提出しないようになったのである．

この与党プロセスの問題とウラハラの関係にあるのが，議院内閣制の運用が「官僚内閣制」となっているという指摘である（松下1998；飯尾 2004, 2007）．すなわち，内閣は，権力分立制の下で，国会から切り離されて内閣・省庁一体の行政権として，国会と向き合う．内閣の下で，各省庁は事務次官を頂点とした自律的な人事序列を持つ組織を形成している．自民党長期政権において，首相は党内派閥力学によって選出され，大臣はシニオリティ・ルールと派閥均衡人事にもとづいて任命され，頻繁な内閣改造が常態化した．本来，行政権が帰属する内閣と行政官僚制の間の委任―責任関係は，首相と国務大臣の合議体としての内閣が政策決定し，官僚制に対して行

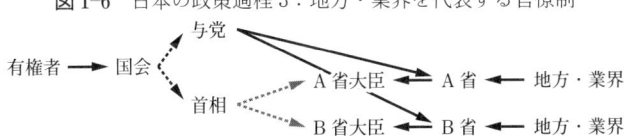

図 1-6 日本の政策過程 3：地方・業界を代表する官僚制

```
                    与党
                    ↗  ↘
有権者 → 国会        A省大臣 ← A省 ← 地方・業界
                    首相
                         ↘  B省大臣 ← B省 ← 地方・業界
```

政実施を委任する関係である．しかし，自民党政権下では，委任—責任関係が逆転し，官僚制が行う政策決定を大臣が国務大臣としてよりも各省大臣の立場で内閣において代表する関係になったということである．すなわち，首相を本人とする代理人であるはずの大臣が，逆に各省庁の代理人として振る舞っていたのである．図 1-5 に表してあるように，首相と大臣の間の委任—責任関係があまりはっきりしなくなり，省庁と大臣の間の委任—責任の関係を示す矢印が逆向きになって本人—代理人関係が逆転したのである．内閣がその職権を行うのは閣議を通じてであるが，その前日に事務次官等会議が開かれて，そこで了承された案件だけが閣議にかかり，事前調整を経ていない閣僚の発言は「不規則発言」とみなされる．内閣は省庁という行政機構のトッピング（松下 1998）にすぎなくなり，首相・内閣が行政各部を指揮監督するリーダーシップが制度的に弱められていることが問題視されることになった．

それでは，なぜ，大臣ではなく，各省庁が本人の立場に立つことができるのだろうか．それは，結局，各省庁が，関係する社会集団と密接な関係を持ちつつ，独自の利益媒介経路を持っているからである（飯尾 2007）．すなわち，各省庁は，地方政府を使って行政を実施すると同時に，その意向に左右されており，多くの関連団体の利益を代表する役割も担わざるを得ない．したがって，日本の官僚制は，地方政府や業界を本人として社会的な利益を代弁する代理人という側面ももっているわけである．図 1-6 のように，各省が地方・業界の利益を代表し政策に反映させることによって，官僚内閣

制が維持されるということである．こうして，自民党長期政権において，首相・内閣が政策的指導力をあまり行使できず，官僚制内部で立案され与党の政調会部会レベルで調整が行われる分権的・分散的なボトム・アップの政策決定過程が，確立した．

(4) 1990年代の政治改革・行政改革

戦後日本の議院内閣制において，自民党が1党優位政党システムのもとで長期政権を担当し続けた．その間，内閣，各省と自民党がともに関与する政策形成過程が整備されたが，議院内閣制の制度自体は，ほとんど変更されなかった．

しかし，1990年代に自民党の1党長期政権が終わると，戦後の日本の議院内閣制の政治制度を大きく変える政治改革・行政改革が行われた．

まず，1994年の政治改革は，中選挙区制を廃止して小選挙区比例代表並立制に変更し，政権交代可能な2大政党システムを指向するものであった．政党は，選挙の度ごとに新選挙制度への習熟度を高めた．選挙キャンペーンは，党首を前面に押し出して，内閣政府業績への信任を問い，マニフェストを掲げて戦うように変化した．選挙戦略も，連立与党間の選挙協力と野党各党の候補調整が行われて，徐々に有権者に政権選択を求めるように変化して，2009年の政権交代へと至った．

国会改革と行政改革は，1993年夏の細川護熙内閣の登場によって政策課題が一新された中で推し進められた．まず，衆議院正副議長による国会改革は，国会審議の活性化と立法機能の充実など，国会中心主義の強化をめざすものであったが，予備的調査制度の導入を除けばあまり成果はなかった．これに対して，行政改革会議や国会審議活性化法などの改革は，議院内閣制の政策過程を図1-1のような世界標準へ近づける改革として位置づけることができる．行政

改革会議は，首相の発議権を内閣法に明記することにより，首相のリーダーシップの強化を図り，首相が内閣の首長として，行政の分担管理原則にとらわれず内閣の基本方針などに関する事項を閣議にかけて討議・決定を求めることができることを明確にした．また，中央省庁等改革により，中央省庁のあり方を変えた．そして，国会審議活性化法は，党首討論を制度化し，政府委員制度を廃止し，政務次官に代えて副大臣と政務官を設置した．これらの制度は，議院内閣制の下で首相のリーダーシップを強化して，委任─責任関係を明確にし，行政官僚制に対する政治主導をめざすものであり，日本の政策過程を図1-6の状態から図1-1の状態へ変更しようとするものであったと考えることができるのである．

　小泉純一郎首相は，新しい政治・行政の体制の下で，抵抗勢力を批判し続けながら，改革を進めたが，そのプロセスの中で，郵政民営化関連法案が参議院で否決され，小泉首相は，衆議院を解散して国民に郵政民営化是か否かを問う総選挙を実施した．そして，民営化に反対する候補を公認せず，賛成派の刺客を放った．選挙結果は，自民党が圧勝したが，議院内閣制の政策過程にとって重要なことは，総選挙によって与党の政策選好が首相の政策選好に一致するようになったことである．すなわち，権力の二重構造が郵政問題に関する限り解消されたということである．この状況は，おそらく，図1-1に比較的近い状態が2005年9月の段階で達成されたということである．その後も，小泉首相が退陣するまで，基本的に首相の政策選好は与党側に承認されていた．ただし，閣法の与党事前審査の手続がなくなったわけではないから，小泉首相後に与党と首相・内閣の政策選好が一致しない場合には，以前のような権力の二重構造に逆戻りすることもあり，そうなると，官邸や政府とは異なる与党の動きが大きく政策プロセスに介在することにもなった．

　小泉首相の退陣後は，安倍内閣が2007年夏の参院選で惨敗し，

福田内閣，麻生内閣へと交代した．衆参ねじれ国会では，野党が反対する法案は衆議院で再可決しない限り成立しなくなった．麻生内閣は，政策決定の迷走ぶりや，総選挙を先送りしながら2008年度第2次補正予算の準備が遅れるちぐはぐさや，首相の不用意な発言や漢字の読み違いなどもあって，支持率が低迷し，2009年総選挙で敗北し，政権交代が実現した．これらの内閣は，結局，制度改革によって首相のリーダーシップがきわめて重要となったにもかかわらず，どの首相もその期待に応える資質や能力が乏しかったということである．

(5) 民主党政権と自民党の政権復帰

民主党は，自民党に代わり政権を担当することをめざしてその勢力を伸ばしてきた政党である．自民党政権の政府・与党二元体制を権力の二重構造として批判する民主党は，2009年に政権交代を達成すると，脱官僚依存を掲げ，党政策調査会を廃止して政策プロセスを政府に一元化しようとした．図1-7は民主党政権の政策プロセスを示したものである．自民党政権モデルの図1-6と比べると，大きな変化が3点ある．第1に，鳩山内閣は，総選挙マニフェストに掲げた「官僚丸投げの政治から，政権党が責任を持つ政治家主導の政治へ」という原則を実施したことである．具体的には，政権運営を政治家主導で内閣中心とし，事務次官等会議を廃止し，各省の政策決定は大臣，副大臣，政務官の三役会議によって進めるということであり，図では，首相―大臣―各省の委任―責任を明確にし，各省から大臣に向かっていた矢印を元に戻して大臣から各省へ向かうように変わった．ただ，政治主導を強調しすぎて官僚への委任ができず，三役だけで決定することはしばしば手にあまり，菅内閣の半ば以降には政治主導から政官連携重視へと転換した．

第2に，党の政策調査会の機能をすべて政府（＝内閣）に移行し，

図 1-7 民主党政権の政策過程

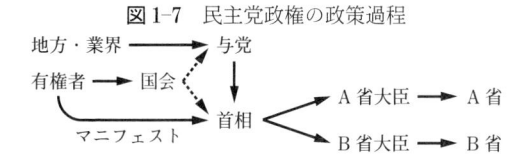

```
地方・業界 ─────→ 与党
有権者 ──→ 国会     ↓
              首相 ──→ A省大臣 ──→ A省
         マニフェスト   ──→ B省大臣 ──→ B省
```

各省ごとの部門会議を廃止し，代わりに，各省政策会議を設置して，大臣・副大臣・政務官から構成される大臣チームが，各省政策会議で提案・意見を聴取し，政策案を策定し，閣議で決定することによって，政策決定を政府に一元化したことである．自民党政権モデルにあった党から各省への委任─責任関係がなくなり，政府だけのラインにしたということである．これも，菅内閣になって，政策調査会を復活させ，政調会長を入閣させることによって内閣が党と歩調を合わせて政策決定する形にした．野田内閣では，政調会長が入閣せず，政府提出法案を事前審査する仕組みを作り，自民党政権期の二元体制に近くなった．

第3に，所属議員が受ける陳情を党本部の幹事長室で一括管理して，政府に伝える仕組みを決定した．これは，自民党政権モデルにおける地方・業界から各省への陳情経路をばっさり切って，党だけが陳情を受ける経路を作り，それを政府に伝達するようにしたということである．この仕組みは菅内閣，野田内閣において若干の手直しが行われたが，維持された．

この図は，自民党政権モデルと比べれば，本来の有権者から始まる委任と責任の連鎖を特徴とする議院内閣制モデルにより近いといえる．しかしながら，民主党政権における政策プロセスは，結局，うまく機能しなかった．各省の政務三役は，実現困難なマニフェストの政策をバラバラに進めようとして予算の財源不足が明らかになっていった．マニフェストを大きく修正する必要が明らかになっても，政策内容を変更することはなかった．政策決定の政府一元化に

対して，党所属議員が関与できないことに不満が生じて，政策調査会を復活させて二元構造へ戻さざるを得なかった．

　民主党政権モデルにおいて，首相が自民党政権モデルよりもいっそう要の重要な位置となっているが，この点は諸刃の剣である．すぐれたリーダーのもとでは，政治主導の体制は，うまく機能するが，首相自身に問題があると，機能不全がいっそう深刻化するからである．民主党政権の3代の首相は，それぞれ自分が重要だと考える政策を掲げ，党内合意が得られないままに進めてしまう結果になった．どの首相についても，政府の方針決定のさまざまな場面において，首相のリーダーシップに疑問が出た．政治家主導の政治を掲げながら，首相の態度があいまいだったり，ぶれたりして，首相みずからが政府内の混乱を作り出していた．民主党政権はその稚拙な政権運営により有権者の支持を失い，党内抗争も激化して分裂するに至り，勝算の見込みのない解散・総選挙で惨敗して，政権の座から降り，自民党が政権に復帰し第2次安倍内閣が発足した．

第2章 議会と内閣

　本章では，議会と内閣の関係について見ていく．議院内閣制は，内閣が議会の支持の上に成立し，議会に対して責任を負う政治システムである．議会と内閣の関係は立法権と行政権を担当する2つの機関の関係であり，各国において明文の憲法規定や不文の憲法慣習によって定められている．しかし，議院内閣制が実際にどのように作動するかをみるためには，機関と機関のレベルではなく，その中のアクター・レベルで分析する必要がある．というのは，議会は，さまざまに異なる選好を持つ議員から構成される集合的決定機関だからである．集合的決定機関における決定とは，その中のアクターたちの（選択肢に対する）選好を何らかの決定ルールによって集計した結果である．それは機関の選好ではなく，決定ルールによって決定を支配したアクターたちの選好である．議会は一般に多数決ルールを用いているから，議会の決定とは，議会における多数派の選好である．内閣が存続し，内閣提出法案が可決成立するためには，議会において，内閣を支持する多数派政党（連合）および法案を可決成立させる多数派政党（連合）が形成される必要がある．この2つの多数派は必ずしも一致するとは限らない．

　内閣は，首相と閣僚から構成されるが，議会に対して連帯して責任を負う合議体として，全会一致が原則であることが多い．これは，結局，閣議決定後は，閣僚が首相の方針と異なることが許されないことを意味する．したがって，内閣は首相という単一アクターとして表すことができる．内閣は2つの多数派に支持される方針を取る

必要がある．従来の憲法学および政治学における議会と内閣の関係の分析や議論においては，ほとんどが機関と機関の関係として抽象的に，あるいは概念的に論じられており，こうしたアクター・レベルでの分析はあまり行われてこなかった．

本章ではまず，第1節で内閣の存立と首相の辞任について整理し，第2節で内閣と議会の信任関係について，信任が与野党関係よりも与党問題であることを説明し，信任の制度とその行使についてみていく．第3節では，解散の制度と行使について検討する．第4節では，2院制において立法がどのように条件付けられているかを説明し，立法に関する権限がほぼ対等な2院制が及ぼす影響について解説する．

1. 内閣の存立と議会

議院内閣制の重要な特徴は，首相が議会によって（事実上）選出され，首相が組織する内閣が議会に対して責任を負うことである．責任を負うことの意味は，内閣が議会の信任を失ったときには総辞職しなければならないということである．信任および不信任の制度については次節でくわしくあつかうが，明示的あるいは暗黙の信任の存否が首相と内閣の存立を左右する．内閣と議会の信任関係は公選議員から構成される下院あるいは第1院だけにあてはまる関係であり，非公選のイギリス貴族院や間接選挙によって構成されるドイツやフランスの上院（第2院）との間にはない．議院内閣制は理念型としては非連邦型国家の1院制における政治システムである（Strøm 1990, 2000）．日本の場合も，憲法では「内閣は，行政権の行使について，国会に対し連帯して責任を負う」（66条3項）とされているが，信任決議あるいは不信任決議を行うことができるのは衆議院だけである（69条）．したがって，内閣の存立に関する権限を

持つのは衆議院のみである．これらに対する唯一の例外はイタリアの場合であり，内閣は下院と上院の両院の信任を得る必要がある[1]．

信任・不信任の決議案は通常，多数決によって採決が行われる．内閣はいつでも提出されうる信任・不信任の決議案の採決においてつねに議会内の多数の支持を得ている必要がある．議会と内閣の信任関係は，実質的には，議会の政党勢力と内閣との関係によって規定される．内閣を構成する政権政党（連合）勢力が議会の多数を制している場合には，政権政党勢力が安定して内閣を支えている限り，内閣は揺らがない．たとえ少数派の野党勢力が内閣を倒す機会をねらっているとしても，内閣の存立に影響を及ぼすことはできない．しかし，政権政党勢力が議会の多数を占めていない少数派内閣の場合には，議会の多数派が内閣の存立を許容するかどうかによって内閣の運命が決まる．したがって，内閣の信任とは，議会の多数派が内閣の存立を許容することであり，基本的には内閣を支える政権党の問題であって，少数派の野党は実際には影響力を持たない．

議院内閣制において，内閣はみずからの政権の存立の条件を満たすためにつねに多数派の支持を確保しておく必要がある．そして，それに加えて，内閣は政府提出法案を議会で成立させるための多数派の賛成を確保することも重要である[2]．政権の存立の条件と立法の成立の条件は，単独で議会の過半数議席を持つ政党が政権を担当している場合には，一致する．しかし，連立政権の場合には，必ずしも一致しない．連立政権に参加する政党が法案の支持においても一致することもあれば，一致しないこともある．さらに，少数派連合政権の場合には，閣外協力する政党が信任・不信任の決議案の投

---

1) イタリア下院は直接選挙で選出されるが，上院は州単位で直接選挙される議員，および，元大統領と任命される数名の終身議員で構成される．
2) ストロムは前者を存立可能性（viability），後者を立法有効性（effectiveness）と呼んでいる（Strøm 1990）．

票で政権を支持することによって政権の存立条件を満たすことができる．また，政府提出法案は，連立する政党に加えて別の政党が法案支持連合に参加して過半数を確保することで成立の条件が満たされる．政権の存立と法案の成立に協力する閣外の政党が同一とは限らないのである．そこで，政府提出の重要法案や予算が否決されるといった事態が発生した場合には，内閣はそれが議会の信任も失ったことを意味するかどうかを判断する必要があり，その判断にもとづいて，総辞職したり，あるいは総選挙の実施に踏み切ったりすることにつながることもある．

日本の近年のねじれ国会は，政権の存立の条件である衆議院の多数派の支持が確保されているが，法案の成立に必要な参議院の多数派の支持が（つねには）得られないことによってもたらされた．議院内閣制における内閣が政治的に有効に機能するためには，2つの異なる可能性のある多数派の支持が必要である．

わが国では，小泉純一郎首相が2001年から2006年まで在任した後，安倍晋三，福田康夫，麻生太郎，鳩山由紀夫，菅直人，野田佳彦の各首相がほぼ1年の在任期間で次々と交代した．近年における首相の地位の不安定さは，民主政治諸国の中で際立っている．ナイブレイドは，首相の権限を強化する改革と小選挙区比例代表並立制への改革が，マス・メディアの政治報道が劇的に増加したこととあいまって，政権運営および選挙における首相の重要性をいちじるしく高め，首相は党所属議員と有権者に対して過剰なまでの責任（hyper-accountability）を負わされるようになった結果，支持率が急落すると首相は政権党内からの圧力によって交代を迫られることになったと論じている（Nyblade 2011）．

高安（2013）は首相の交代に注目して政権交代を考察するために，イギリスと日本の首相の交代理由を整理している．1955年以降のイギリスにおける首相の交代理由としては，(1) 総選挙での敗北，

(2) 党首選，(3) 健康問題，(4) 自発的引退をあげているが，(1) 以外の理由についてはその背景に党内支持の喪失もあったとしている．1955年以降の日本の首相の交代理由としては，(1) 総選挙での敗北，(2) 不信任決議（案の提出），(3) 参議院選での敗北，(4) ねじれ国会，(5) 党内支持の喪失，(6) 総裁選（敗北，任期切れ），(7) 国内的混乱・スキャンダル，(8) 健康問題・死亡，(9) 自発的引退をあげている．高安は，日本の首相交代がイギリスとは対照的に頻繁かつ多様な理由によると指摘している．

これらは，首相が辞任を決意する理由や辞任に至るプロセスについての説明であるが，必ずしも制度的な根拠にもとづく説明とはいえない．そこで，首相の辞任の制度的理由について検討していこう．わが国の首相が辞任する制度的理由としては，次の5つがあげられる．第1に，総選挙での敗北である．政権与党が過半数を失えば，議会が召集されたときに内閣は総辞職し，新たな多数党の党首が首相に就任することになる．これは議院内閣制をとる各国に共通する制度的理由であり，わが国では，1993年の宮沢喜一内閣，2009年の麻生内閣，2012年の野田内閣が退陣した例がある．また，1947年の吉田茂内閣は，比較第1党となった日本社会党の党首に政権を譲るために退陣した．政権交代ではないが政権党が議席を減らした責任をとって退陣した例として1976年の三木武夫内閣がある．

第2に，衆議院で不信任決議案が可決したとき，あるいはその見込みがあるとき，首相は衆議院を解散しない限り，内閣総辞職しなければならない．これも議院内閣制に共通する制度的理由である．わが国で不信任決議案が可決した例は1948年，1953年，1980年，1993年にあるが，それに対して内閣が総辞職したことはなく，すべて衆議院の解散となっている．不信任決議案の可決の見込みがあるときに首相が辞任（あるいは辞意表明）した例は，1954年の吉田内閣，1994年の羽田孜内閣，2011年の菅直人内閣である．

第3に，参議院選での敗北が予想されるとき，また，敗北したとき，さらに，その後のねじれ国会に直面して，首相が辞任した例がいくつか存在する．これはわが国特有のものである．敗北したときに辞任したのは，1989年の宇野宗佑首相，1998年の橋本龍太郎首相，2007年の安倍晋三首相であり，敗北の予想で辞任したのは，2001年の森喜朗首相，2010年の鳩山由紀夫首相である．ねじれ国会を苦にして辞任したのは，2008年の福田康夫首相である．

第4に，政権党の党首選挙で敗北したとき，あるいは，党首選で再選を求めなかったとき，首相は辞任する．これは，議院内閣制に共通する制度的理由であるが，外国には例外もある．すなわち，首相が必ずしも政権党の党首でない場合があるということである．わが国では自民党も民主党も首相は党首でなければならないとされている．自民党総裁，民主党代表とも任期は3年であり（以前は2年），再選が認められている[3]．総裁選で敗北して退陣した例は，1978年の福田赳夫内閣である．総裁の任期が満了することによって首相が退陣したのは，1987年の中曽根康弘内閣，2006年の小泉内閣である．総裁選で再選に立候補しないことによって首相が退陣したのは，1982年の鈴木善幸内閣，1991年の海部俊樹内閣，2001年の森内閣である．また，1986年の衆参同日選挙で大勝した中曽根首相は，2期目の任期の1年延長を認められて1987年まで党総裁，首相を務めた．

イギリスの例をあげれば，マーガレット・サッチャーは1975年に保守党党首となり，1979年の総選挙による政権交代により首相に就任した．しかし，彼女は1990年の保守党党首選の第1回投票で過半数の票を獲得したものの2位との得票差が15%以上に達せず，第2回投票が行われることになったため，退陣を表明した．オ

---

[3] 自民党では3選が禁止されているが，民主党では再選されることができると規定されているだけである．

ーストラリアの労働党のジュリア・ギラードは，2010年の労働党党首選で，立候補を断念した当時のケビン・ラッド首相に代わり，無投票で選出され，後継首相に就任した．2012年にギラード首相に不満を持つラッドが外相を辞任すると，ギラード首相はただちに労働党党首選を実施し，対立候補に立ったラッドに大差をつけて勝利し，政権を維持した．その後，ギラード内閣の支持率が低迷したため，ラッドに対する党内支持が高まり，2013年秋の総選挙の前に党首交代を求める声が高まった．2013年3月に党首選の早期実施を求められたとき，ギラード首相はその場で党首選挙の実施を表明し，不意を突かれたラッドは準備不足で立候補することができず，ギラードが無投票で再選された．しかし，3カ月後に再び行われた党首選では，ラッドがギラードを破り，党首および首相に復帰した．2013年9月に行われた総選挙では労働党が敗北し，自由党のトニー・アボットが率いる保守連合が勝利して内閣を組織し，政権交代した．

　第5に，首相の自発的辞任がある．実際上，首相の辞任の多くは，このカテゴリーに入る．首相はこれ以上続けられないとみずから判断したときに，辞意を表明する．もちろん，中には，周囲からの辞任を求める圧力を感じてそれに屈した首相もいたことは疑いないが，結局は，首相自身の決断である．もし，首相がその地位を投げ出さずしがみつこうとした場合には，菅直人首相のように何カ月も居座り続けることができる．高安があげた健康問題やスキャンダルなどのさまざまな理由は，最終的に首相が辞任したときに，その決断を導いた直接的な要因であり，このカテゴリーに含まれる．

　わが国の首相は上述した5つの制度的理由のどれかによって辞任しており，首相にとって辞任する十分な理由があったということである．ここで，首相の辞任ではなく，内閣の存続という観点から，議院内閣制における内閣の存立の必要条件について考えてみたい．

表 2-1 内閣存立の必要条件と首相辞任の制度的理由

首相辞任の制度的理由	内閣存立の必要条件	
	衆議院（下院）の多数の支持	政権党内の支持
(1) 総選挙での敗北	×	○
(2) 不信任決議案の可決	×	×
(3) 参議院選での敗北	○	○
(4) 党首選での敗北	○	×
(5) 自発的辞任	○	○

　それによって，一見異なるように見えるイギリスやわが国を始めとする議院内閣制における首相の辞任の理由が実際には共通することが明らかになってくる．また，内閣の存立の必要条件を検討することにより，すべての首相が辞任しなければならなかったかどうかといえば，必ずしもそうではなかったこともわかってくる．

　内閣の存立の条件は，(1) 衆議院（下院）における多数派の支持，および，(2) 政権党（連合）内における内閣支持である．表2-1は，この2つの必要条件と首相辞任の制度的理由との関係を示している．下院の多数の支持という条件が満たされていれば，その多数派は政権を支える政権党（連合）になる．政権党（連合）は総選挙の結果によって決定され，通常，次の総選挙までその地位にとどまる．政権党（連合）が総選挙で敗れれば，この条件が満たされなくなり，内閣が退陣して政権交代が起きる．この条件は首相辞任の第1の制度的理由と同等である．

　政権党内における内閣支持という条件は，政権党（連合）の中で，現首相の内閣が安定して支持されていることを意味する．ここで問題となるのが，首相辞任の制度的理由の第2の不信任決議案の可決である．不信任決議案の可決は，下院の議員の過半数が決議案に賛成することで生じるが，それには，次の2つのケースが考えられる．第1に，過半数ぎりぎりの議席しか持たない政権党が補欠選挙などで議席を失ったり，連立政権から一部の政党が離脱したりすること

によって，下院の支持が過半数を割り込む場合である．たとえば，イギリスにおいてジェームズ・キャラハン内閣は政権党の労働党が補欠選挙などで議席を失った結果，過半数を割り込み，1979年に不信任決議案が可決した．また，連立政権の崩壊による過半数割れはヨーロッパ諸国でときどき見られる．わが国では，1994年の羽田内閣は，細川連立内閣の与党から社会党と新党さきがけが離脱した少数与党内閣として発足したため，2カ月後に不信任決議案が提出された段階で退陣した例がある．第2のケースは，政権党内における内閣への支持が一部崩壊し，不信任決議案に賛成する野党に同調することによって生じる．2011年の菅内閣に対する不信任決議案は，民主党内の一部が造反して同調する動きを見せたために，可決する可能性が高まり，菅首相の退陣表明につながった．また，1980年に大平正芳内閣不信任決議案が提出されたときに，反大平の福田派などの議員たちが本会議場に入らなかったために可決した例がある．このように，不信任決議案の可決は政権党内の内閣支持が一部崩壊することによって引き起こされることが多い．こうした意味で，議会の内閣に対する信任問題とは，政権党（連合）の問題である．

この点で，首相辞任の制度的理由の第4の党首選での敗北も，同じように政権党内部における党首・首相への支持が崩壊することによって生じる．不信任決議案の可決と党首選での敗北は，どちらも政権党内部の内閣への支持の崩壊によって生じるので，基本的に同じメカニズムである．

内閣の存立の必要条件のいずれかが満たされない場合，首相は辞任することになる．すなわち，首相辞任の制度的理由の第1，第2，第4の場合である．それに加えて，第5の自発的辞任は，首相自身の最終的決断として，首相の地位にとどまらないということであり，その判断を尊重するほかない．しかし，もう1つ残っている首相辞

任の制度的理由である第3の参議院選での敗北については，内閣存立の必要条件は2つとも満たされたままである．参議院選で敗北しても，衆議院の多数の支持はそのままあり，政権党内の内閣への支持が確立している限り，内閣の存立は揺るがない．ねじれ国会に直面するとき，参議院における少数派政権という地位は政府提出法案の成立を困難なものにする．しかし，内閣が交代したところでねじれ国会の困難が打開されるわけではなく，新首相は前首相とまったく同じ困難な状況に直面するだけである．したがって，参議院選での敗北を理由として首相が辞任することは，実はあまり制度的には意味がなかったというべきである．

2007年の安倍首相，2008年の福田首相，2010年の鳩山首相は，それぞれ，参議院選での敗北あるいはその予想や，ねじれ国会における政権運営の困難のために辞任した．しかし，その後に続いた菅首相と野田首相は，ねじれ国会に直面してもそれを理由として辞任しようとはしなかった．おそらく，両首相は，前任者たちの辞任から学んだのであろうと考えられる．彼らにとってねじれ国会は所与の条件であり，したがって，首相として辞任する理由とはならなかった．結局，菅首相は政権党内の支持が崩壊し，不信任決議案の可決の可能性が高くなったために辞意を表明し，野田首相は総選挙での敗北によって衆議院多数の支持を失って退陣した．

2. 信任関係

(1) 与党問題としての信任問題

小泉内閣が退陣した後，衆参ねじれ国会の下で，毎年のように首相が交代した．参議院で政権側が多数を失っていると，政権の存立というのは国会運営や与野党の対立のいかんにかかっているのでは

ないかと思いがちであるが，前節で説明したように，それはあやまりである．たしかに，最近の首相たちは，国会運営で追い詰められておそらく嫌気がさして政権を投げ出したのではないかと思われるが，投げ出さなければ，居座り続けることは結構できると思われる．政権を投げ出しても，そのあとの後継首相は，退陣した首相とまったく同じ苦境に立たされるだけである．首相の交代によって事態は一切改善されないのである．すなわち，衆参ねじれ国会および参議院で多数を失うことは，政権の存立とは必ずしも直接的な関係がないということである．この問題を，まず，きちんと整理していこう．

議院内閣制は，内閣がその存立の基礎を議会の支持の上に置き，議会に対して責任を負う体制である．信任関係は，議会が行政権をコントロールするための制度であり，議会の多数派が政府を組織することになる．政府が議会の多数の支持を失ったときには，総辞職するか，あるいは，議会を解散して，新しく選出された議会のもとで新しい政権が組織される．

政府に対する議会の信任は，不信任決議案が否決されること，あるいは，信任決議案が可決されることによって確認される．これができるのは衆議院だけである．ついでに述べておくと，参議院では不信任決議に似たものとして問責決議がある．議院はその院としての意思を表明するために決議を行うことができ，総理大臣問責決議や閣僚に対する問責決議などが行われている．憲法や法律に根拠があるわけではないので，問責決議には法的効果はないが，政治的効果はあると考えられる．衆参ねじれ国会になってから，問責決議案が可決するようになった．総理大臣問責決議案は福田，麻生，野田，安倍の4首相に対してのものが可決したが，当然のことながら無視された．閣僚問責決議案の可決も，閣僚が辞任する法的義務を負わない．ただ，1998年に額賀福志郎防衛庁長官が一定期間後に辞任した例がある．その後の問責決議案が可決した閣僚は誰も辞任して

いないが，内閣改造の際に閣僚から外れて退任している．だから，参議院の問責決議は政権に対する政治的揺さぶりをかける効果はあるが，内閣を退陣させることはできないということである．

さて，衆議院の不信任決議案および信任決議案に戻ると，政権の存立のためには，いつでも提出されうるこれらの決議案の採決結果が，政権の信任となる必要がある．すると，通常は，政府は議会の多数派の支持を確保しているから，さまざまな立法プログラムを政府提出法案として提出し，多数派の支持によって可決成立させることができるようになる．したがって，議院内閣制では，政府が議題設定権を持ち，立法においてイニシアティブをとる．そして，政権を支持する多数派は，政府の提案する政策を通常支持して法案を可決する．しかし，時には，多数党の内部対立や連立政権各党間の対立が生じることがありうる．そのときには，政府の提案する政策が否決されたり，さらには，議会において不信任決議案が可決されたりする可能性があり，政権の基盤は揺らぐことになる．信任を失えば，総辞職しなければならなくなる．

したがって，信任関係とは，議会の多数派と内閣とをつねに一致させる関係であり，与党と内閣の関係である．与党が議会の多数派として内閣をつねに支持していれば，信任関係は揺らがない．野党がしかける内閣不信任決議案も，少数派政権でない限り，可決する可能性はない．ということは，内閣の交代は，総選挙による政権交代を除けば，もっぱら，政権政党内の問題によって生じるということである．すなわち，通常の議院内閣制における内閣の交代は，多くの場合，首相が政権政党内の支持を失うことにより生じている．首相の党内支持基盤が，ある時，壊れて，バックベンチャーたちがもう支持しないとなったときに，首相は退くことになるわけである．イギリスのマーガレット・サッチャーやトニー・ブレアはこのようにして首相を退いている．したがって，通常の議院内閣制における

首相や内閣に対する信任というのは，与野党対立の問題ではなくて，与党内の問題である．

たとえば，民主党政権の菅首相は，2010年に脱小沢路線をとって，小沢一郎元代表のグループを党の要職から排除し，2011年2月に小沢を党員資格停止処分としたが，これは，菅首相がみずから与党内に菅内閣に批判的な勢力を望んで作り出したことになる．議院内閣制のロジックから考えるときわめて理解がむずかしいやり方である．要するに，衆議院の多数派の上に成り立っている政権が自分の多数派を攻撃し始めて，それをどこまで切り崩しても自分が倒れないか試す実験を始めたということである．そういう実験をやれば当然，政権基盤は危なくなる．その結果が，2011年6月の野党提出の内閣不信任決議案への造反賛成の動きの拡大だった．菅首相は，直前の民主党代議士会で退陣表明を行ったため，造反の動きが抑えられ，不信任決議案は否決された．その後，3カ月間居座って，退陣の3条件とした第2次補正予算案，特別公債法案，再生可能エネルギー特別措置法案が成立した後，総辞職した．

さて，このように議会（衆議院）の多数派である与党の支持が政権の基盤であり，議会（の多数派）が政府をコントロールするのが信任関係であるが，この信任関係は，逆方向にも機能しうる．すなわち，信任関係は，政府が議会（与党）に信任を迫ることによって議会（与党）をコントロールする機能を持つことがある．というのは，議院内閣制を採用する多くの国では，議会の多数派内部に政策的な意見の違いが生じたときに，政府が議会の信任をかけて政府の重要法案の可決をはかることができるからである．特定の政策に関する採決を政府に対する信任投票とすることによって，政府を支持する多数派に賛成させて政府の進める政策を可決するということである．

有名な例は，1993年7月にイギリスのジョン・メージャー保守

党政権の下で，EC（欧州共同体）に代わり EU（欧州連合）を創設するマーストリヒト条約を批准するための動議が庶民院で採決されたときである．野党の労働党と自由民主党は EU 加盟自体には賛成であったが，メージャー政権の提案がマーストリヒト条約の社会政策条項（EU 労働者の権利の保障規定）に関するオプト・アウト（免除規定）を含んでいたために，反対した．また与党・保守党内には，EU 加盟によって一定の権限を EU に譲ることになってイギリスの主権が制限されることから条約自体に反対するユーロ・レベルズ（Euro-rebels）と呼ばれた議員たちが 20 名ほどいて，メージャー政権の批准方針に背いて反対したため，批准は否決された．これに対して，メージャー政権は，否決の翌日に，政府のマーストリヒト政策（社会政策条項の免除規定）に対する議会の信任を求める動議を提出し，否決されたときには議会を解散すると表明した．その結果，この動議は 339 対 299 で可決し，メージャー政権は，望んだとおりの形でマーストリヒト条約を批准することができた．このように，信任投票を用いることで，議会でいったん否決された法案でも逆転可決することができる．

(2) 信任関係の制度

さて，議院内閣制は，内閣の存立を議会の信任にもとづかせる政治制度であるが，実際のあり方は各国で多様である．内閣は，つねに議会の信任を得ていなければならないが，通常は，議会の信任が問われなければ内閣は信任されていることになる．

内閣に対する議会の信任に関する制度は，大きく分けて 3 種類ある．第 1 に，就任時信任投票という制度がある．この制度のないわが国では，国会で首相指名選挙が行われるため，新しく発足した内閣は，ほとんど公式の国会の信任を得ているに等しいが，この日本のやり方は，実は，議院内閣制としてはまれである．ドイツでは大

統領の提案した首相候補が連邦議会議員の過半数によって選出されたのち大統領によって任命されるので，日本の場合と近い．たいていの議院内閣制諸国においては，国王や大統領や総督が首相の指名や任命を行うので，成立時には公式の信任関係はない．たとえば，イギリスでは国王が宮殿に招いて首相に任命することによって新内閣が発足し，議会は成立には関与しない．しかし，総選挙で勝利した政党の党首が首相になるので，事実上議会の信任があるともいえる．イギリスの 2010 年 5 月の総選挙後，保守党と自由民主党は連立政権プログラムで合意し，デヴィッド・キャメロン保守党党首が首相に就任し，ニック・クレッグ自民党党首が副首相，枢密院議長に就任した．カナダ，オーストラリア，ニュージーランドなどでも，議会あるいは下院の多数党の党首が首相に就任する．

これらに対して，就任時信任投票は，首相とその内閣が発足にあたって，議会の明示的な信任を得ることを求める制度である．たとえば，イタリアでは大統領が首相を任命したあと，議会の両院における就任時信任投票において過半数の支持を得る必要がある．

イタリア共和国憲法 94 条
①政府は両議院の信任を有しなければならない．
②［省略］
③政府は，成立後 10 日以内に，両議院に対して信任を求めなければならない．
［以下省略］

両議院の信任を得られなければ，ただちに内閣は総辞職となる．そのため，2013 年には，総選挙後 2 カ月間新政権が発足できなかった．

スペインでは，国王が議会に議席を持つ政党代表と協議して首相

候補者を指名する．首相候補者は，下院に政府の政治プログラムを提示して信任を求め，下院議員の過半数の議決により信任されるとき，国王によって首相に任命される．過半数の議決が得られないときには，48時間後に行われる投票で出席議員の過半数の議決により信任されたものとされる．それでも信任されないときは，同じ手続が繰り返され，2カ月以内に信任される首相候補者がいなければ，議会が解散される（スペイン憲法99条）．

就任時信任投票は，イタリア，スペインの他にも，フランス，ベルギー，ギリシャ，ルクセンブルク，アイルランド，イスラエル，ポルトガル，スウェーデンなどにある．このうち，スウェーデンでは，首相候補者に対する就任時信任投票は，総議員の過半数が反対しない限り，信任される（スウェーデン統治法6章4条）[4]．

第2に，野党の議員が政権に挑戦するために提出する不信任決議案の制度がある．不信任決議案が可決すると，政府は辞職しなければならない．あるいは，政府が，議会を解散することができる場合には，次の議会で新しい政府が選出されることになる．しかし，1945年から2000年までの期間において，西欧16カ国で344回の不信任決議案が提出されているが，可決により総辞職した内閣は16しかない[5]．単純計算すれば各国年平均で0.4回提出され，可決

---

4) 政権の発足や信任にあたって，議会の総議員の過半数の支持を必要とする場合を積極的議会主義（positive parliamentarism）と呼び，スウェーデンなどのように必要としない場合を消極的議会主義（negative parliamentarism）と呼ぶことがある．ポルトガルも，政府が就任後10日以内に首相の所信表明によって議会に提出したプログラムが総議員の過半数の反対によって拒否された場合，ただちに辞任するので，消極的議会主義をとっている（ポルトガル憲法192条，195条）．また，就任時信任投票の制度がない北欧のデンマーク，ノルウェー，フィンランドも消極的議会主義と呼ばれるが，政府は議会の総議員の過半数の反対投票がない限り政権にとどまることができるので少数派政権が存続することができる．See Christiansen and Damgaard (2008).

されることはきわめてまれである．不信任決議案を可決することは少数派の野党議員にとって困難であり，与党議員も内閣が交代すると内閣が進める政策パッケージ全体が影響を受けるので，賛成に回ることはほとんどない（Bergman et al. 2003）．

このカテゴリーの中で例外的な制度として，ドイツの建設的不信任決議の制度について見ておこう．

ドイツ連邦共和国基本法 67 条
①連邦議会は，その議員の過半数をもって連邦宰相の後任者を選出し，連邦大統領に現宰相の罷免を要請することによってのみ，連邦宰相に対する不信任を表明することができる．連邦大統領は，この罷免要請に応じて，選出された者を任命しなければならない．
②動議手続と選出手続の間には，48 時間おかなければならない．

したがって，ドイツでは，政府に対する不信任決議は次の宰相の選出とセットなので，不信任決議は議会の解散をもたらさない．そのためもあって，ドイツでは議会の解散はこれまで3回しか行われていない．建設的不信任決議の制度は，他にもスペインとベルギーにある[6]．

---

5) Comparative Parliamentary Democracy Data Archive のデータから算出した．See also Bergman et al. (2003).
6) スペイン憲法 113 条
①議会は総議員の過半数で不信任動議を採択することによって，政府の政治的責任を追及することができる．
②不信任動議は総議員の少なくとも 10 分の 1 によって提案されなければならず，首相の候補を含む．
ベルギー憲法 96 条
①国王は大臣を任命し罷免する．
②代議院［下院］が総議員の過半数で不信任動議を採択し国王が任命すべき後継首相を提案するか，あるいは，信任動議否決後 3 日以内に国王が任命

第3に，政府側が議会に対して信任を求める制度がある．信任決議案は，野党側の不信任決議案に対する政府側の対抗策であり，政府が議会の信任を確保していることを示すためのものである．多くの国で，政府が特定の政策に結びつかない政権に対する全般的な信任を求める制度がある．わが国では，内閣が信任決議案を提出したことはないが，与党が提出したことがある．これは，野党議員が提出した内閣不信任決議案に対して，それよりも先決案件である内閣信任決議案を提出することによって，不信任決議案を封じることができるということである．宮沢内閣の1992年に野党側が不信任決議案を出そうとしていたので，その先手を打って与党側が内閣信任決議案を提出した例がある．また，衆参ねじれ国会であった2008年6月の第169回国会の会期末に，参議院で民主党提出の福田首相問責決議案が可決されたことに対抗して，衆議院で与党提出の内閣信任決議案が可決された．

信任決議案が否決された場合には，内閣は総辞職するか，あるいは，議会の解散を求めることができる．ドイツにおいては，信任決議案が否決されたとき，連邦議会を解散することができる．

ドイツ連邦共和国基本法68条

①自己に対する信任の表明を求める連邦宰相の動議が，連邦議会議員の過半数の同意を得られないときは，連邦大統領は，連邦宰相の提案に基づいて21日以内に連邦議会を解散することができる．連邦大統領の解散権は，連邦議会がその過半数をもって他の連邦宰相を選出した場合は，直ちに失効する．

②動議手続と選出手続の間には，48時間おかなければならない．

すべき後継首相を提案するとき，連邦政府は国王に辞任を申し出る．国王は提案された後継首相を首相に任命し，首相は新しい連邦政府が宣誓したときに就任する．

ドイツでは，不信任決議は次の宰相の選出とセットになっているために，議会の解散にはつながらないので，この信任決議案の規定を使って，議会を解散する．すなわち，1972年のヴィリー・ブラント政権，1983年のヘルムート・コール政権，2005年のゲアハルト・シュレーダー政権は連邦議会に信任を求める決議を提出して，与野党合意のもとに，与党議員の一部が棄権することによって意図的に否決することにより，早期解散を実施した（Saalfeld 2003）．

さて，ドイツの使い方は例外として，多くの国では，このように政府が特定の政策に結びつかない政権に対する全般的信任を求める手続がある．しかし，より重要な制度として，立法過程において特定の政策や政府プログラムを推進するために信任を求める手続がある．ヒューバーはこれを信任投票手続（confidence vote procedure）と呼んでいるが（Huber 1996a, 1996b），上述したイギリスのマーストリヒト条約批准の例のように，政府が法案や動議への投票を政府に対する信任の問題とすると宣言する手続によって，政府が総辞職したり，議会が解散されたりすることをおそれる（主として）与党議員たちは，政府政策に賛成せざるを得なくなる．政府は，信任投票手続を利用することによって，政府政策に対する議会の多数派の支持を確実なものにする．この信任投票手続の制度あるいは慣行は，たいていの議院内閣制の国にある（オーストラリア，ベルギー，カナダ，デンマーク，フィンランド，フランス，ドイツ，アイルランド，イタリア，ルクセンブルク，オランダ，ニュージーランド，ノルウェー，ポルトガル，スペイン，スウェーデン，イギリス）．しかし，アイスランドと日本にはない．しいていえば，小泉首相が2005年の郵政民営化関連法案の国会否決を小泉内閣に対する不信任とみなすと宣言したことが，この信任投票手続と類似しているが，当時，誰も，この宣言を真に受けなかったために参議院で

否決されてしまった．その結果，衆議院が解散，総選挙となって，郵政民営化に反対していた自民党議員たちは党の公認を得られず，離党し，新党を結成した議員もいた．総選挙結果は，小泉自民党の大勝となり，郵政民営化関連法は直後の特別国会で成立した．したがって，日本には，特定の法案に内閣の信任をかける信任投票手続は存在しない．

フランスにおける信任に関する憲法規定を見ておこう．

フランス第5共和国憲法49条
①首相は，閣議で討議した後，政府プログラムにつき，あるいは，場合によっては一般政策表明につき，国民議会に対して政府の責任をかける．
②国民議会は，不信任動議の議決により，政府の責任を追及する．この不信任動議は，国民議会議員の少なくとも10分の1によって署名されなければ受理されない．採決は動議提出の48時間後でなければ行うことはできない．不信任動議に賛成の票のみが計算され，国民議会議員の過半数の賛成によらなければ可決されない．次項に定める場合を除き，国民議会議員は，同一の通常会期中には3つ，同一の臨時会期中には1つを超える不信任動議の署名者になることはできない．
③首相は，閣議で討議した後，法案の議決につき，国民議会に対して政府の責任をかけることができる．この場合，当該法案は，その後24時間以内に提出された不信任動議が，前項に定める条件で議決された場合を除き，可決されたものとみなされる．
④［省略］

1項は，政府プログラムや一般政策表明に関して，首相が国民議会に信任を求めることができる規定であり，2項は，国民議会が政

府に対して不信任動議によって政府の責任を問うことができる規定である．そして，3項は特定の法案に政府の信任をかける信任投票手続の規定である．これによると，政府は法案の議決に信任をかけると宣言するだけで，あとは，不信任動議が提出されて議会議員総数の過半数によって可決されなければ，その法案が自動的に可決したものとみなされるという規定である．多くの国では，少なくとも法案の採決は行わなければならないのに対して，フランスでは政府が宣言するだけで，あとは議会で不信任動議が提出されなかったり，提出されても採決されなかったり，あるいは動議への賛成が議員総数の過半数に届かなかったりすれば，それで法案可決とみなすという規定である．フランスの議院内閣制において国民議会に対して政府が優位に立つことを示す規定であるといえよう．この3項は2008年の憲法改正時に次のように改正された．

③首相は，閣議で討議した後，政府提出の予算法案あるいは社会保障財政法案の議決につき，国民議会に対して政府の責任をかけることができる．この場合，当該法案は，その後24時間以内に提出された不信任動議が，前項に定める条件で議決された場合を除き，可決されたものとみなされる．さらに，首相は，この手続を1会期につき1つの他の政府法案あるいは議員提出法案に用いることができる．

この改正によって，政府の法案成立にとってきわめて有利な信任投票手続にかけることのできる法案の種類と回数が限定されることになった．

(3) 日本における内閣不信任

次に，わが国では，内閣不信任決議案がどのように扱われている

かを見ていこう．増山（2009）は戦後において内閣の信任が問題になった場合をまとめているが，ここでは最近のケースも含めて整理しておこう．1947 年から 2014 年までに内閣不信任決議案あるいは信任決議案が提出された国会は 51 回ある．それらの結果はおおむね，①可決・解散，②採決前の総辞職，③採決前の解散，④審議未了・廃案，⑤内閣信任決議案の提出，⑥否決の 6 つに分けられる．①の不信任決議案が可決されたのは 1948 年と 1953 年の吉田内閣，1980 年の大平内閣，1993 年の宮沢内閣の 4 回である．これらのすべての場合で，内閣は総辞職せず，衆議院を解散し，総選挙が行われた[7]．②の総辞職については，不信任決議案の可決の見込みがあり採決前に内閣が総辞職した例としては，1954 年の吉田内閣や 1994 年の羽田内閣があり，また，近いうちの退陣を表明して可決を回避した例として 2011 年の菅内閣がある．③不信任決議案の可決の見込みがないが，採決前に衆議院が解散されたのは 1958 年の岸内閣や 1979 年の大平内閣，1983 年の中曽根内閣，2000 年の森内閣，2005 年の小泉内閣である．小泉内閣は郵政民営化関連法案の参議院での否決を受けて，衆議院を解散したが，その解散当日，民主党が内閣不信任決議案を出していた．しかし，これに対抗して，小泉内閣が解散したわけではない．④審議未了・廃案は，内閣不信任決議案は提出されたものの，本会議上程前に会期末となってしまう場合であり，1951 年の吉田内閣，1961 年の池田勇人内閣，1976 年の三木内閣の例がある．⑤野党の不信任決議案の提出に対して，与党が内閣信任決議案を提出することもある．1956 年の鳩山一郎内閣に対する信任決議案は撤回されたが，1992 年の宮沢内閣に対するものは衆議院で可決された．また，衆参ねじれ国会の 2008 年

---

7) このうち，1948 年では憲法 69 条および 7 条によって衆議院が解散され，これ以外については，不信任決議案可決後に，憲法 69 条によらず，7 条によって衆議院が解散された（衆議院事務局 2003）．

に参議院で福田首相に対する問責決議案が可決したのを受けて，与党が福田内閣に対する信任決議案を衆議院に提出し，翌日に可決した．⑥の否決であるが，上記の5つのケースはそれぞれ少数にとどまっており，大部分を占める残りの不信任決議案は，政権与党の反対によって否決されている．菅内閣の例も形式的にはこちらの否決に分類することもできるが，実質的に信任がなかったので，ここに入れない．

　以上で見たように，内閣に対する議会の信任を問う手続は，大部分の場合，内閣が信任される結論になる．内閣は基本的につねに議会の多数派の支持の上に存立しているので，野党が提出する内閣不信任決議案は，通常，否決されることを前提として提出されていると考えられる．

　それでは，そのような内閣不信任決議案の提出と議決には，どのような機能があるのだろうか．第1に，国会における野党の影響力行使の1つの手段として，内閣不信任決議案を捉える見方がある．すなわち，野党は，政府の立法に抵抗する議事妨害の1つとして不信任決議案を提出し，それによって，与党側から立法における譲歩を引き出すことを目的としているということである．この考え方によれば，不信任決議案は与党主導の国会運営を遅延させるために野党が活用できる手段である．すなわち，内閣不信任決議案は先決案件であるため，提出されると，最優先で議事日程に上るので，他の審議がストップする．また，採決において記名投票が行われるので，堂々めぐり（演壇の投票箱に順に投票すること）において牛歩戦術をとるといった時間引き延ばしが可能になる．政府は，不信任決議案が提出されることによって，重要な法案の審議時間を奪われることになり，立法的な譲歩に追い込まれるというわけである．

　第2に，野党の提出する内閣不信任決議案には，立法的譲歩を引き出す目的はあまりなく，むしろ，政府の立法に対する野党側の態

度表明・意思表示が主要な目的であるとする捉え方がある．わが国の国会には，慣例として一事不再議原則があるため，同一会期中に同じ議案を一度しか提出できない．また，野党側の内閣不信任決議案に対して与党側は内閣信任決議案を提出することができるが，不信任決議案よりも信任決議案の方が先決案件であり，個別の閣僚に対する不信任決議案よりも内閣不信任決議案の方が先決案件である．そこで，野党側は議事妨害の1つの手段として，個々の閣僚に対して不信任決議案を乱発して閣僚の数だけ不信任決議案の採決を行うことによって，議事運営を引き延ばそうとすることがある．これに対する与党側の対抗策として，内閣信任決議を行うことがある．一事不再議原則によって信任決議案可決と不信任決議案否決は同等の意味を持つため，信任決議案を可決してしまえば，その会期中はもういかなる不信任決議案も出せなくなる．

そこで，野党側の提出する不信任決議案は，多くの場合，会期末になっている．そうすると，不信任決議案は，野党の影響力行使としての手段というよりも，むしろ，政府立法を批判・非難し，政府の責任を追及するために，内閣不信任決議案を提出して，みずからの立場を明らかにするという機能のほうが重要な意味を持つと考えられる．これは，国会で少数派の野党としては，否決されることを前提として，立法の政策的責任を有権者・世論に訴え，次の選挙での勝利ないし与党に対する批判票の増大をめざすということである．

増山（2009）の実証分析によれば，野党が内閣不信任決議案を提出した国会では，内閣提出法案の成立件数が多くなることが統計的に示されている．したがって，不信任決議案の提出は，政府立法の妨害というよりも，政府立法に対する責任所在の明確化と野党の態度表明の機能をもつと考えられるということである．

3. 解　散

(1) 解散の理由

　議院内閣制は，有権者から始まる委任と責任の単純な連鎖関係を特徴とするが，この委任と責任の連鎖は，議会議員の総選挙および前節で説明した内閣に対する議会の信任によって確立され，維持されている．議会議員には憲法で定められた任期があるが，議会が解散された場合には任期満了前に議員の地位を失う．総選挙後に新しく召集された議会では，内閣が議会の信任の上に存立する．

　日本国憲法の下で衆議院議員総選挙はこれまで 25 回行われたが，任期満了によって行われたのは 1976 年 12 月の総選挙だけであり，これ以外はすべて衆議院の解散による総選挙である．内閣不信任による解散は前述したように 4 回しかなく，例外的，かつ，まれである．通常は，内閣が任期満了前の早期解散を決定し，内閣の助言と承認にもとづく天皇の国事行為として衆議院を解散する（憲法 7 条 3 号）．したがって，日本では内閣が解散権を持ち，議会の信任を失った場合に限らずいつでも自由に解散することができる．世界の議院内閣制諸国においても，議会の早期解散は憲法規定あるいは慣習として認められており，そこには，タイミングや政治状況を考慮しながら行われている可能性が考えられる．

　一般に，解散権が行使される理由は 2 つあると考えられる (Strøm and Swindle 2002)．第 1 の理由は政治的必要性である．政治的な危機が生じた時や政治的に不安定な国において解散は頻繁に行われる．議会で重要な政策をめぐる意見の対立が激しいときに，解散・総選挙に訴えて有権者に判断を仰ぎ，総選挙の結果，とるべき政策が決まるということである．有権者は政策争点に対する判断と政権選択

とをあわせて行い，現政権が勝利するか，それとも政権交代となるかで政策の決着がつく．また，スペインの政治学者リンスは，大統領制が固定任期制のために政治的行き詰まりの問題を解決できないのに対して，議院内閣制における解散は，行き詰まりを打開することができる重要な手段であると指摘している（Linz 1994）．内閣が議会を解散することにより，新しい議会が選出され，その多数派が内閣を（事実上）選出することにより，議会と内閣は同じ多数派の支持の下にあることになり，政治的行き詰まりが解消することが期待される．日本では，不信任決議や解散は政治的空白を生むという批判がマス・メディアからなされることがあるが，それは，現政権継続に賛成というメッセージでしかない．むしろ，解散は，議院内閣制だけにある政治的行き詰まりを打開する手段である．

　解散が行われる第2の理由は，政治的な好機（チャンス）である．政治アクターは自分たちにとって有利であると考えるときに解散を行いたいと考えるということである．憲法上与えられた解散権を，政治アクターは，自分たちにもっとも効用が大きくなるように行使したいと考える．2007年夏の参議院選挙で大敗した後，安倍，福田，麻生の3首相は，解散が政府与党にとって不利だと考えられるので，できるだけ，解散を遅らせたいと考えた．反対に野党の民主党は，早い時期に総選挙があることを期待して総選挙の準備に取り組んだ．2012年の民主党野田内閣の時期には，野党の自民党が早期解散を望み，消費税増税に政治生命をかける野田首相は，政権政党である民主党にとっては不利であるにもかかわらず，法案の成立と引き替えに近いうちの解散を約束した．

(2) 解散の制度

　前述したように，日本においては，内閣が解散権を持ち，議会の信任を失った場合に限らずいつでも自由に解散することができる．

しかし，日本のように自由な解散権の行使は，むしろ例外的であり，多くの場合，解散権の行使は制限されており，首相や内閣の意のままになるとは限らない．

まず，ノルウェーには議会の解散規定がないので，4年の任期ごとに総選挙が行われるだけである．また，いくつかの国では憲法改正時に解散が義務づけられている（ベルギー，デンマーク，アイスランド，ルクセンブルク，スウェーデン）．

次に，議会の信任のある内閣のもとで議会を早期解散する場合と，内閣に対する議会の信任が問題になっている場合とに分けて，解散権についてみていこう．まず前者の場合，議会の解散権は国家元首の権限として憲法に規定されていたり，国王の大権として認められていたりすることが多い．この解散権の行使に首相あるいは内閣がどの程度実質的に関与しコントロールできるかは，国によって異なる．大きく分けて3つの類型がある[8]．

第1に，首相あるいは内閣が実質的に解散権を持つタイプがある．デンマークとニュージーランドでは，首相に解散権がある[9]．スペインでは，国王が議会を解散するが，首相が閣議での協議の後首相の責任において行う提案にもとづく（スペイン憲法115条）．スウェーデンでは内閣に解散権がある[10]．日本では天皇が内閣の助言と承

---

8) See Strøm and Swindle (2002) and Bergman et al. (2003).
9) デンマーク憲法32条2項は，「王はいつでも新たな選挙の令状を発することができる．ただし，新内閣が任命され，首相が議会に登壇する以前には選挙令状を発することはできない」とされているが，14条で「法律および政府に関する決定への国王の署名は，それに大臣の署名がなされることによって，決定を有効にする」とされているので，解散は実質的に首相の権限である．
10) スウェーデン統治法3章11条は「政府は，通常選挙の間に議会の特別選挙を決定することができる．特別選挙は決定から3カ月以内に行われる」とされている．通常選挙は4年毎に定例で行われ，特別選挙がその間に行われても，次の通常選挙の時期は変更されない．

認にもとづく国事行為として衆議院を解散する．

　第2に，首相あるいは内閣が解散を提案するが，元首の（多くの場合形式的な）同意が必要なタイプがある．オーストリア，フィンランド，ギリシャ，アイルランド，ルクセンブルク，ポルトガル，オランダ，オーストラリア，カナダ，ニュージーランド，イギリス（2011年まで）である．これらの国では，首相の提案に対して，おおむね，元首が同意して，内閣が望んだ時期に総選挙が実施される．ただし，イギリスはこの類型から抜け出してしまった．2011年固定任期議会法の制定により，庶民院解散の国王大権は廃止された[11]．この法律は，①次回総選挙を2015年5月7日とし，その後は5年ごとの5月第1木曜日とする，②早期総選挙は，庶民院議員総数の3分の2以上の多数で早期総選挙の動議が可決したとき，あるいは，内閣不信任決議案可決後14日以内に新内閣信任決議案が可決しないときに実施される，③早期総選挙後の次の総選挙は4年以上5年以内の5月第1木曜日とする，と定めている．したがって，イギリスには，首相が自由に行使できる解散権はもはやない．

　第3に，元首が解散権を単独で行使するタイプがある．アイスランド，フランス，イタリアでは大統領が議会解散権を持つが，アイスランドでは実際上は首相が大統領に提案し，それを大統領が認めるか拒否するかを決定する（Kristjánsson 2003）．イタリア憲法88条では次のように規定されている．

　①大統領は，その議長の意見を聞いて，両議院またはその1議院のみを解散することができる．
　②大統領は，その任期の最後の6カ月間は，前項の権能を行使することができない．ただし，その期間の全部または一部が立法期の

---

[11] 付則において，1707年王位継承法から「解散 dissolve」の文字が削除された．

最後の6カ月間と重複する場合を除く．

　フランス憲法12条は次のように規定している．

　①共和国大統領は，首相および両院議長に諮問した後，国民議会の解散を宣告することができる．
　②［省略］
　③［省略］
　④総選挙後1年以内には，新たな解散手続をとることができない．

　イタリア，フランス両国では，上記の規定にもとづいて，大統領が議会の解散を行っている．
　以上のように，議会の信任のある内閣のもとで，議会の解散は一般的に認められており，首相，内閣あるいは国家元首の間でそれぞれの権限にもとづく相互交渉が行われた上で，総選挙のタイミングが決定されることになる．
　それでは，内閣に対する議会の信任が問題になっている場合はどうだろうか．信任は，明示的になされた信任決議案の否決や不信任決議案の可決の場合の他にも，予算や重要法案の否決の場合にも問題になることがある．これもいくつかの類型に分けられる．第1に，信任を失った内閣は総辞職し，次の首相が選出されて新内閣が組織されるタイプである．不信任決議が現政権に反対する議会内の多数派によって成立したのであるから，その多数派が新たに内閣を組織することになる．ノルウェーとベルギー，ドイツ，スペインがこのタイプである．ノルウェーでは，議会解散がなく4年ごとの9月に総選挙が行われる．議会が内閣あるいは大臣の不信任決議案を可決した場合，辞任を申し出なければならず，国王は辞任を承認しなければならない（ノルウェー憲法15条）．また，ベルギー，ドイツ，ス

ペインには建設的不信任の制度があり，内閣に対する不信任は後継首相候補の選出とセットになっているので，解散とはならない（ベルギー憲法96条，ドイツ基本法67条，スペイン憲法113条，114条）．

第2に，信任を失った内閣は総辞職し，次の内閣が発足するまではケアテイカー内閣としてとどまり，次の首相が選出されることが期待されるが，選出できない場合には，事態を打開するために各国の解散権の規定にしたがって議会が解散され，新たに議会が召集されたときに新内閣が組織されるタイプである．オーストリア，フィンランド，フランス[12]，ギリシャ，アイスランド，イタリア[13]，ルクセンブルク，ニュージーランド，ポルトガル，スウェーデン，イギリス（2011年以降）がこのタイプである．不信任決議の成立が必ずしも次の政権の発足をただちにもたらすわけではないため，次の首相候補や連立政権の枠組みをめぐって交渉が進められ，まとまれば新内閣が成立するが，うまくいかないときには，議会の解散が行われる．ニュージーランドでは，議会の信任を失った首相は，次の首相が選出されるまでとどまるが，ケアテイカー慣行に制約され，議会の早期解散を総督に助言するためには他党との協議が必要であり，議会で問題が決着することが期待されている（Cabinet Office 2008, 6.58）．イギリスは，2011年の固定任期議会法の規定によ

---

[12] フランスでは，不信任動議が可決したとき，首相は辞職しなければならない（フランス憲法50条）．1962年にジョルジュ・ポンピドゥ内閣が不信任によって総辞職したのが唯一の例であるが，このとき，シャルル・ド・ゴール大統領は，国民議会を解散し，総選挙後にポンピドゥを再び首相に任命した．

[13] イタリアでは，内閣は両議院の信任を得ていなければならず，信任案が否決された場合には，大統領が後継首相を任命し，就任時信任投票で両議院の信任を得る必要がある（イタリア憲法94条）．しかし，首相に任命すべき適当な候補が得られない場合には，大統領はみずからの権限を行使して議会を解散することがある（88条）．

ってこのタイプになったようである．同法2条3項は，早期の議会総選挙は，(a) 庶民院が政府不信任決議案を可決し，(b) 14日以内に新政府信任決議案を可決しない場合に，実施される，と規定している．

また，前述した建設的不信任の制度があるベルギーでは，建設的不信任の制度によって次の首相が選出されるが，議会が政府信任動議を否決後3日以内に後継首相を国王に提案せず，あるいは，政府不信任動議の可決と同時に後継首相を国王に提案しない時には，国王は議会を解散することができる．また，国王は，政府が総辞職した時に，議会議員過半数の同意を得て議会を解散することができる（ベルギー憲法46条）．スペインでは，政府に対する信任が撤回された後，国王が首相候補を提案して就任時信任投票にかけられるが，2カ月以内に信任されない場合には，議会が解散される（スペイン憲法114条，99条）．ドイツでは，政府信任決議案が否決された時に首相は大統領に議会の解散を要請できる（ドイツ基本法68条）が，これは，事態を打開するためではなく，政府が意図的に信任決議案が否決されるようにして議会を解散するために用いられている．

第3に，不信任決議に対して内閣が総辞職か解散かを選択できるタイプがある．オーストラリア，カナダ，デンマーク，オランダ，スウェーデン[14]では内閣がいずれかを選択することができる．日

---

[14] スウェーデンでは，議会が総議員の過半数の賛成で首相あるいはその他の大臣に対する不信任動議を可決した場合には，議長はその大臣を罷免しなければならないが，政府が1週間以内に特別選挙を選択する場合には罷免してはならない（スウェーデン統治法6章7条，13章4条）．ただし，特別選挙による議員の任期は次の通常選挙までの残任期間になる．これまで不信任動議が可決したことはないが，重要法案が否決されて内閣が総辞職したことがある．近藤 (2001) 参照．特別選挙は回避される傾向がある．2014年12月に政府予算案が否決され，野党予算案が可決した後，ステファン・ロヴェーン首相はいったん特別選挙の実施を発表したが，その後，与野党の合意が成

本もこのタイプである．アイルランドでは，総辞職するか大統領に解散を要請するかを選択するが，自由な解散の場合とは異なり，大統領は信任を失った首相の解散要請を拒否することができる（アイルランド憲法13条2項2号）．

以上のように，不信任された内閣のもとでの解散のあり方は議会の信任のある内閣のもとでのそれとは異なっている．不信任決議に対して，内閣が総辞職か解散を選択できるのは，ごく一部の国および日本にすぎず，解散は新しい内閣が発足できない事態を打開するために，首相が要請し，元首の判断により行われる場合が多い．

(3) 早期解散のモデル

議会の早期解散は，政治的危機や行き詰まりを打開するために行われたり，政治的な好機を捉えて行われたりする．

スミスは，イギリスにおいて，政府は有権者の支持がもっとも高いタイミングを見計らって解散するのではなく，近い将来に政府パフォーマンスが悪くなる前に解散するというモデルを提示した (Smith 2004)．彼は，フォークランド戦争に勝利した直後にマーガレット・サッチャー首相が解散せず，その1年後の1983年5月に解散した例をあげる．支持率がきわめて高かったサッチャー首相はただちに解散するかしばらく待つかの判断を迫られ，待つことを決断した．待つことの価値は，これから先の政権運営がどれだけ順調に行えるかにかかっている．そして，経済状況はその後好調に推移し，1年後の総選挙でサッチャーは大勝した．このときの決断も解散するか待つかであったが，インフレーションが徐々に進み経済状況に陰りが見えていた状況でサッチャーは解散を行い，勝利した．スミスが提示した解散のモデルによると，統治能力の高い政府は早

立して解散は回避された．

期解散を行わず，政府の解散決定はむしろ将来における自信のなさを有権者にシグナルとして送ることになる．戦後イギリスのデータにもとづく実証分析の結果は，このモデルを支持している．すなわち，早期解散した政府は選挙前よりも低いレベルの支持しか得ることができず，選挙後の経済状況は悪化したことが示されており，首相は政権運営が難しくなる直前に解散するのである．

ストロムたちは，憲法で定められた任期満了までの期間において首相，連立政権パートナーおよび国家元首という3者の政治的プレイヤーによるゲームを提示して，早期解散決定を分析している (Strøm and Swindle 2002)．各プレイヤーには早期解散による利得とコストがある．利得は，それぞれにとってただちに解散する時の価値と任期満了まで政権を継続する時の価値との差である．コストは，首相の解散提案コスト，連立パートナーの首相提案に反対するときのコスト，元首の首相提案を拒否するときのコストである．このうち，首相の提案コストは，スミスのモデルと同様に，将来の統治実績や経済が悪化する前に戦略的に解散すれば，将来への自信のなさを有権者にシグナルとして送ることになるから，その分を有権者は割り引き，解散・総選挙の利得が減少するというコストである．モデル分析の結果は，首相がコストを勘案しても早期解散を得策だと考え，連立パートナーが反対せず，元首が自身の利得とコストにもとづいて拒否しない場合に早期解散が行われる．議院内閣制の18カ国における戦後の解散データを用いた実証分析では，①少数派政権の時には解散が多く，②議員任期が長い国ほど解散が多く，また，残りの任期が短くなるほど解散が多く，③解散提案権が首相単独ではなく内閣や議会多数派にある国には解散が少ないことが示されたが，④元首に解散権がある国では早期解散が多いとも少ないともいえないことが明らかになった．

それでは，日本における早期解散決定は，どのように行われてい

るだろうか．日本では，解散は首相が事実上行使する「伝家の宝刀」と呼ばれ，閣議決定にもとづく天皇の国事行為として解散の詔書をもって行われる．解散によって議員はその身分を失うため，与野党議員とも憲法で定められた議員任期半ばでの早期解散を恐れるが，任期満了が近づくにつれて各選挙区で総選挙を視野に収めた政治活動の密度が濃くなっていくと，今度はむしろ解散を求めたりする（京極 1975）．解散の閣議決定は全会一致のため，解散に反対する閣僚がいる場合には罷免しないと首相は解散できない．小泉首相は2005年の解散において閣議で反対した島村宜伸農水相を罷免し，農水相を自ら兼務した上で閣議決定して解散した．西欧諸国においても，解散をめぐって首相と主要閣僚が対立したり，連立政権内で意見が一致しなかったり，あるいは元首の同意が得られないこともあり，ストロムたちの研究は，そうした場合に首相に単独解散権がなければ解散が少なくなることを示している．

　解散総選挙の時期には，いくつかの制約がある．解散時には，天皇の国事行為としての解散の詔書が衆議院に伝達されるが（衆議院事務局 2003），国会開会中に行うことを原則とすべきであると解されている（浅野・河野 2014）．このため，1月からの通常会あるいはその他の期間に召集される臨時会の開会中に解散が行われる．年末には来年度予算編成があり，通常国会の前半には予算審議がある．首相が出席する国際会議や外国首脳との相互訪問などの外交日程も頻繁にある．また，4年毎の4月に統一地方選挙があり，3年毎の7月頃に参院選がある．解散総選挙は，できるだけこれらに支障がないように選択する必要がある．これらに加えて，首相の戦略的解散決定を左右するのは，内閣支持率，政党支持率に現れる政府の政権運営や統治実績に対する有権者の評価および中長期的な経済状況の見通しや国会における審議などである．

　2014年末の第2次安倍内閣における解散を例に見てみよう．前

回の総選挙は2012年12月に行われたので，4年の議員任期のほぼ中間点の2年弱が経過した時点での解散である．安倍首相は，自らが政権を担当することを前提に2016年12月までの間でもっともよい時期に解散を行いたいと考えたはずである．そして，2015年の通常会における国会審議や4月の統一地方選挙の状況，9月の自民党総裁選での再選のための戦略，2016年7月の参院選などを考慮して時期を検討したと考えられる．さらに，2014年10月に「政治とカネ」の問題で2閣僚が辞任したことによって内閣支持率の低下が見られ，2014年7〜9月期のGDP（国内総生産）の速報値が前年比で−0.5％（年率換算で−1.9％）となって景気の減速が見えたことで，安倍首相は，2015年10月に予定されていた10％への消費税増税を2017年4月に延期し，この政策変更を国民に問い，アベノミクスの是非を争点に解散を決断した．これに対して，野党側は準備不足であり，解散の大義がないと批判しても，現政権に代わる政権の形を示すことができず，安倍内閣与党の自民党，公明党が現有議席をほぼ維持する勝利の結果になった．この解散は，上述のスミスが提示した近い将来に政府パフォーマンスが悪くなる前に解散するモデルと符合する．

　他方で，首相の解散権はつねに首相に有利な結果をもたらすとは限らない．2007年以降の衆参ねじれ国会において，野党の民主党は，早期解散を求めて国会運営で政府提出法案の成立をできるだけ遅らせたり阻止したりする戦術をとった．それに対して，政治状況が不利な自民党の首相たちは，解散しても状況を改善できないばかりか政権から転落する可能性が高いため，政権を投げ出して後継首相に託したり，任期満了間近になって伝家の宝刀を抜く形ばかりの解散に追い込まれたりした．2010年以降のねじれ国会では立場が入れ替わり，野党の自民党が民主党政権に対して早期解散を要求し，社会保障と税の一体改革の3党合意と引き替えに早期解散の約束を

引き出し，3年あまりで解散総選挙に追い込んで，政権を取り戻した．首相の自由な解散権がなければ，こうした政治的展開はあり得なかったのであり，世界の中で例外的な自由な解散権の行使の慣行があるばかりに，首相はそれを行使する時期を探し，見つからないときには，首相の権力が低下することになる．むしろ，首相自身が解散権を封じることで有利になることもあるのではないかと考えられる．このように，首相の解散権は，近年の日本の政治的安定と不安定と密接にかかわっていることがわかる．

4．立法と2院制

(1) 2院制とねじれ現象

万国議会連盟によると世界192カ国中，113カ国が1院制議会をもち，79カ国が2院制議会をもっている[15]．これまで，2院制を1院制に変更した国はあるが，その逆は存在しない[16]．

2院制には3つの類型がある．第1に，2院制は，中世イギリスの身分制議会に起源を持ち，貴族院と庶民院がそれぞれの身分の利益を代表した．日本の明治憲法下の貴族院もその例であり，民主的に公選される下院（第1院）に対して，保守的なブレーキとして機能する役割を担った（Lijphart 2012）．イギリスの貴族院は20世紀初めまで法案の成立を拒否する権限を持っていたが，1911年議会法の制定によって，庶民院が可決した金銭法案[17]の成立を1カ月

---

15) 万国議会連盟HP, http://www.ipu.org/parline-e/ParliamentsStructure.asp?REGION=All&LANG=ENG（2014年2月26日アクセス）．
16) たとえば，ニュージーランド（1950年），デンマーク（1953年），スウェーデン（1970年），アイスランド（1991年），ノルウェー（2009年）などが，2院制から1院制に変更した（Lijphart 2012）．
17) 金銭法案（money bill）とは，国税の課税，公金，公債およびその管理に

以上遅らせることができなくなり，金銭法案および議会任期を延長する法案以外の公法案については，2年以上の期間に3会期続けて庶民院で可決された法案は，貴族院が否決していても国王の同意を得て成立することになり，その権限は大きく削減された．また，1945年に労働党政権が誕生したとき，保守党が多数を占める貴族院では，総選挙公約で掲げられた政府提案の法案に対してそれを損なうような修正を行わないという合意が慣行として成立した（ソールスベリ・ドクトリン）．さらに，1949年の議会法では，公法案について1年以上の期間に2会期続けて庶民院で可決された法案が成立することになり，現在に至っている（Dymond and Deadman 2006）．1997年に成立した労働党ブレア政権と続くブラウン政権のもとで貴族院改革が進められ，任命も含めて約1300名いた議員総数は，世襲貴族が92名を残して大部分が排除されたことにより半減した．また，貴族院議長が兼任した大法官を廃止して，最高裁判所が2009年に設置された．残存する世襲貴族を排除して公選制を導入する改革は，2010年の政権交代後，キャメロン政権が公選80％，任命20％で全体450議席とする改革法案を2012年に提出したが，撤回し，次の総選挙後に議論を延期した（山田 2013）．

　第2の類型として，連邦制を採用している国家では，連邦全体の意思を代表する第1院（下院）と連邦の各構成国や州の意思を代表する第2院（上院）が置かれることが多い．ドイツ，カナダ，オーストラリア，オーストリアなどがその例である．連邦制型では，要するに代表すべき異なる利益があるということが2院制の理由であるから，2院の関係は権力の均衡・抑制が期待されているが，他方で，議院内閣制として，イギリスのように第2院が大きな権限を行使しない国もある．カナダの上院は，憲法上は下院とほぼ対等の権

　　関する法案であり，庶民院議長がそうであることを認定した法案である．

限を持つが，実際にはほとんど影響力を行使しない．議員は各州代表であるが，実際には首相によって任命されているため，下院の多数派の支持の上に成立する内閣に従うのが通例であり，法案に対してマイナーな修正を提案する程度である（Malcolmson and Myers 2012）．オーストリアの連邦参議院議員は各州議会によって間接選挙され，州の代表の役割を持つが，その権限は下院である国民議会の議決に反対しても国民議会が総議員の半数以上の出席議員により再議決すれば法律が成立するという弱いものでしかない（オーストリア憲法42条)[18]．

これらに対して，ドイツやオーストラリアの2院制は第2院の権限が強い．ドイツの連邦参議院は，各州（ラント）政府の構成員（閣僚とその代理）で構成され，議員は州ごとに3～6の票決権を一括行使する．連邦参議院の多数派と連邦議会の多数派とが一致しないことはまれではない．法案は連邦政府，連邦参議院，あるいは連邦議会議員により，連邦議会に提出される[19]．政府提出法案はまず連邦参議院に送付され，6週間以内に連邦参議院は意見を決定し，連邦政府は連邦参議院の意見を付け加えて連邦議会に法案を提案する．連邦参議院提出法案は連邦政府に送付され，連邦政府は6週間以内に連邦政府の意見を提示して連邦議会に提出する（ドイツ基本法76条）．

連邦議会が法案を議決した後，連邦参議院に送付されるが，法案には連邦参議院の同意を必要とするものと必要としないものがある．同意を必要とするものは，連邦参議院が同意せずに両院協議会が開催されて修正提案が行われれば，再び連邦議会の議決と連邦参議院の同意によって法律が成立するが，そうでなければ成立しない．連

---

18) 石井・下田 (1983)，国立国会図書館調査及び立法考査局 (2012) を参照．
19) 連邦議会議員が法案を提出するには，政党会派の署名あるいは総議員の5%の署名を必要とする（ドイツ連邦議会議事規則76条1項）．

邦参議院の同意を必要としないものについては，連邦参議院は連邦議会で議決された法案に対して異議を申し入れることができ，連邦議会は，異議が投票の過半数で議決されたときは，連邦議会議員の過半数の議決で却下することができ，異議が3分の2の多数で議決されたときは，連邦議会は投票の3分の2の多数，かつ総議員の過半数の議決で却下することができる（77条）．

　オーストラリアの上院議員は任期6年で3年ごとに半数が改選される．任期はつねに7月1日から始まり，半数改選選挙は任期満了前の1年以内に行うこととされているため，通常3年任期の下院議員総選挙と同時に行うことになっている．上院議員は直接選挙で6つの州から12名ずつと首都と北部の特別地域から2名ずつの計76名が単記移譲式投票（STV）によって選出されるため，比例代表に近い結果になりやすい．これに対して，下院議員の定数は上院定数の2倍と定められており，小選挙区制で候補者に優先順位をつける優先順位投票によって選出されるため，2大政党（勢力）システムとなりやすく，下院の多数派が政府を構成するが，上院では多数を確保できないことが多い．上院と下院の立法権限は財政関係法案以外について対等であり，財政関係法案については下院先議で上院には修正権限がないが，上院は下院に修正を求めることができる（オーストラリア連邦憲法53条）．しかし，上院に修正権限がなくても，同意しなければ，結局，法案は成立しない．そのため，法案は両院の間を往復して修正の合意により成立することが多い．しかし，どうしても調整がつかない場合には両院解散を行う制度が憲法に規定されている．すべての法案について，下院が議決した法案を上院が否決または議決しないか，あるいは上院が議決した修正に下院が同意しない場合，3カ月後の同一会期あるいは次の会期において，下院が再び議決した法案を上院が否決または議決しないか，あるいは上院が議決した修正に下院が同意しない場合には，総督は上院と下

院を同時に解散することができる（57条1項）．解散後，下院がその法案を再び議決し，上院が否決または議決しないか，あるいは上院が議決した修正に下院が同意しない場合，総督は上院と下院の合同会議を開催することができ，両院の総議員の過半数によって議決することができる（57条2項，3項）．合同会議では下院議員の数が上院議員の数の2倍であるために下院の意思が優越する．両院解散はこれまで，1914年，1951年，1974年，1975年，1983年，1987年の6回行われた（大曲2009）．新たに選出された上院議員は3年任期と6年任期とに分けられ，2年経過した後の7月1日に半数が交代する．両院解散の結果は政府側にとって必ずしも有利になるとは限らないため，最近では実施されず，政府はしばしば野党や中立的な上院の小政党や無所属議員と協議し，その賛成を得るための修正を行っている（Ward 2014; 杉田2014）．

第3の類型は，民主的に公選される2院制である．ベルギー，イタリア，日本などでは直接公選される議員によって両院が構成され，フランスでは，直接公選される下院（国民議会）と県ごとに県選出の下院議員および地方議会議員から選ばれる選挙人による間接選挙によって選出された上院（元老院）で構成される（大山2006）．連邦制をとらない単一国家において，一方の院が他方の院の軽率な行動をチェックし，そのミスを修正するために置かれている．ベルギーの上院議員は，オランダ語圏区，フランス語圏区から公選される議員とオランダ語，フランス語，ドイツ語の各共同体議会議員のうちから任命される議員および少数の任命議員とで構成される（ベルギー憲法67条）．イタリアの上院議員は，州を基礎として直接公選された議員と，元大統領および5名の終身任命議員で構成される（イタリア憲法57条，59条）．日本のように，第2院（参議院）のすべての議員が直接公選されるのは，ほとんど例がない（辻村2003）．

ベルギーの上院の権限は以前には下院と対等だったが，1994年

の憲法改正により大きく削減された．帰化の許可，大臣の民事・刑事責任に関する法律，予算・決算，軍の徴兵数に関しては，下院が排他的権限を持つため，上院は関与しない．一般の立法においては，下院が議決した法案が上院に送付されると，上院は15名以上の要求により審議を行い，60日以内に，無修正，あるいは修正議決することができ，期限内に議決しなかったとき，あるいは無修正のときには，法案は国王に送付されて成立する．修正議決のときには，上院は法案を下院に送付し，下院は上院の修正議決について，同意するか全部あるいは一部の修正を拒否する最終決定を行う（ベルギー憲法74条，78条）．もし，下院が新たに修正したときには，もう一度上院へ送付される手続が行われる（79条）．

イタリアの上院は下院と対等の権限を持ち，内閣は両院の信任の上に存続する．両院とも議員の任期は5年であり，通常，同時に両院の解散総選挙が行われる．両院とも直接選挙によって選ばれるが，上院は投票が州ごとに集計されるため，投票が全国集計される下院と選挙結果が異なり，両院ともに明確な多数派が形成されるとは限らない．そのため，2013年総選挙では2カ月間内閣が発足できなかった．法案は両院で同一内容で議決される必要があるため，一方の院で修正された場合には他方の院で審議され，条文が一致するまで行き来する（Newell 2010; Tsebelis and Money 1997）．

日本の参議院については，第2次大戦後，GHQが起草したマッカーサー草案では1院制をとっていたのに対して，日本政府側は，「2院制を各国がとっている理由は，いわゆるチェックするためで，一応考え直す，多数党が一時の考えでやったようなことを考え直すことが必要なために2院制をとっている」と2院制の存在理由を強く主張した．GHQは，2院制への譲歩を取引の種とみなして固執せず，両院とも民選議員で構成されるならば認める意向を示していた．そこで，日本政府側は，直接公選の衆議院と地域・職能別の選

挙および内閣の任命による参議院からなる2院制および衆議院の優越に関する規定案を作成した．これに対して，GHQは，日本案の参議院の構成に含まれていた内閣が任命する議員を拒否し，両議院とも民選の議員で構成される2院制として承認した（佐藤1994；川人2005）．衆議院の優越規定については，法案の審議に関する規定を除いて日本政府側が作成した案がほぼ認められた．法案の審議に関する衆議院の優越については，日本政府側は，イギリスの1911年議会法を参考にして，衆議院で2年以上の期間に引き続き3回可決した法案は参議院の議決の有無にかかわらず成立する規定案を作成した．GHQは，参議院が否決した法案は衆議院が3分の2以上の多数で再可決すれば成立する規定を修正案として提案し，日本側もこの方が原案よりも単純・明快と感じて，同意し，現行の59条の規定となった（佐藤1994）．英1911年議会法は貴族院に対する庶民院の優位を確立したが，法案審議に関する衆議院の優越規定はむしろ強い参議院を誕生させることになった．

レイプハルトは，第1院がすべて直接選挙によって選出されるのに対して，第2院の選出方法は直接選挙よりも間接選挙あるいは任命制による場合が多く，そのため，第2院は民主的正統性を欠き，現実に行使する影響力が低くなると主張する．そして，彼は憲法上の権限および選出方法の違いにもとづいて，第2院が第1院とほぼ対等な権限と民主的正統性をもつ対称的2院制（symmetrical bicameralism）と，第2院の権限が第1院より小さい非対称的2院制（asymmetrical bicameralism）を区別する．また，第2院が第1院とは異なる選出方法により特定の少数派を過大代表するようにデザインされ，両院の構成が一致しにくい場合がある．連邦制型の第2院がその典型であり，それに対して，単一国家である日本などは比較的一致しやすい．レイプハルトは，この対称性と一致性を組み合わせて2院制を分類している．対称的＝不一致のタイプにはド

イツ，オーストラリアなど，対称的＝一致のタイプにはイタリア，日本などがあげられ，その他の多くの国は非対称型（一致，不一致）に含まれる（Lijphart 2012）．ここで重要なのは，対称的2院制がねじれ現象を引き起こしやすく，さらに，その中で両院の構成が不一致になりやすいドイツやオーストラリアは，ねじれ現象が頻繁に起こりやすいということである．

ドイツにおいては，連邦議会の多数派政権連合と連邦参議院の多数派を占める各州政府の政権連合とが一致しないねじれは1970年代以降しばしば生じている．この状況において，連邦政府の連立政権与党が法案を成立させるためには，連邦参議院の同意が必要であるか，同意が必要でない場合でも異議を乗り越える再議決が必要である．そこで，たいていの場合，立法過程においては，連邦政府の連立与党は，連邦参議院の各州政府の多数派と合意する必要があり，さらに，連邦議会内の野党とも合意する必要がある．したがって，ドイツにおける立法過程は，政権政党と主要野党との大連合および連邦政府と各州政府の多数派との連合形成を必要とし，政権党と野党とがともに統治の責任を担うことになる（Schmidt 2003）．議会審議過程は与野党対決より与野党が協力する「機能する議会」において，妥協と合意がはかられる．また，両院の意見が異なる場合に設置される両院協議会は，広い裁量権を持ち合意を形成する強力な制度として機能しているとされている（Tsebelis and Money 1997; Schmidt 2003）．こうして，連邦政府と各州政府および政権政党と野党がコンセンサス形成に協力するドイツ型権力共有（German-style consociationalism）と大連合国家（grand coalition state）がドイツ政治の特徴だとされる（Schmidt 2003）．

(2) 日本における2院制とねじれ現象[20]

次に，日本における2院制とねじれ現象について，見ていこう．

一般に，第2院の存在意義は，第1に，第1院の行動をチェックして慎重審議を行うことであり，そのためには，第2に，第1院とは異なる選出方法や選出時期で表明された国民の意思を代表させることが期待されている[21]．

第1の点について，憲法は「法律案は，この憲法に特別の定のある場合を除いては，両議院で可決したとき法律となる」（59条1項）と定めて，原則として両院が同じ議決をすることを法律成立の要件としている．したがって，両院が同じ決定を繰り返すことが慎重審議の趣旨であるといえよう（増山2006）．2院制は，いわば，通常は特別に機能することが求められていない安全弁のようなものとして存在している．そして，憲法は，法律案について両院の議決が異なる場合には，両院協議会や衆議院の3分の2以上の多数による再可決による決着を規定している（59条2項，3項）．また，予算の議決，条約の承認および総理大臣の指名については，衆議院の議決が国会の議決となる優越規定を設けている（60条，61条，67条）．しかし，この優越は限定的であり，また，2005年の総選挙まで政権与党が衆議院の3分の2以上を占めることはなかったので，一般の法律について2院の権限は対等である．レイプハルトが指摘するように，日本の2院制は対称的2院制である．

第2の点について，憲法は「両議院は，全国民を代表する選挙された議員でこれを組織する」（43条1項）と定めているから，衆参両院の議員はともに，国民の代表として直接選挙される．国民による直接選挙の範囲内で，制度的には，選挙制度や選挙の時期の違いによって両院議員の構成が，異なることがある．衆議院の選挙制度は，かつては中選挙区制であったが，1994年に小選挙区比例代表

---

20) この項と次の項は，川人（2008，2014）による．
21) たとえば，野中他（2001），渋谷・赤坂（2003），増山（2006），福元（2007）を参照．

並立制に変更された．参議院の選挙制度は，都道府県選挙区と全国1区の比例代表選挙である．衆議院は，4年の議員任期の間で首相の意向によって，随時，解散されるが，参議院は3年ごとに半数が改選される（45条，46条）．

それでは，こうした選挙制度において，参議院は衆議院と比べてどのような姿が期待されているだろうか．独自性を発揮するために，議員構成や政策選好が異なっている方がよいだろうか，それとも，衆議院と同じようになっている方がよいだろうか．有権者の投票を議席に変換する選挙制度の違いだけでは，衆議院と参議院の党派構成や選好に大きな違いは生まれない．そのため，1955年体制の時期においては，自民党が両院の過半数を占め続け，長期安定政権を維持した．レイプハルトは日本の2院制を一致性の高いタイプに分類している．選挙制度から見れば，その分類は適切であると考えられる．しかし，1989年以降，急激な民意の変化があったときには，参議院の3年ごとの半数改選によって，衆参の党派構成が異なる衆参ねじれ現象が生じるようになった．

フランス革命の頃の政治家シェイエスは，「第2院が第1院と一致すれば無用であり，一致しなければ有害である」と述べたといわれる．日本においても，参議院のあり方に対する評価はきびしい．一方では，参議院無用論がある．すなわち，衆議院と参議院は選出方法があまり違っておらず，そのため，参議院の存在意義が問われてきた．参議院は，同じ立法過程を2度繰り返すだけで何の意味もないと批判を受けてきた（カーボン・コピー論）．しかし，1989年以降，衆参ねじれ現象が起こったために参議院の存在意義が重要になり，カーボン・コピー論に対して，「強い参議院論」が注目された．予算，条約，首相指名などで衆議院の優越が認められているが，法案については，参議院の同意なしには成立し得ない状況になったからである．参議院で否決された法案が衆議院の再可決で成立する

制度は，それに必要な3分の2以上の与党勢力が当時なかったため，機能しなかった．政権の成立に関与できない参議院が，内閣提出法案を阻止できるほどの力を持っている．首相は衆議院を解散できるが，参議院には力が及ばない．そこで，参議院は内閣の重要法案を否決することによって事実上の内閣不信任を行いうるが，内閣には参議院を解散するという対抗手段がないため，議院内閣制が機能不全に陥ることが懸念された．

しかしながら，現実には，過去の衆参ねじれ国会においては，政府・自民党は参議院での与党の過半数割れの状況を政治的に切り抜けてきた．1989年夏の参議院選挙後のねじれにおいては，1年以内に迫っていた衆議院総選挙に，自民党は全力をあげて取り組んで，安定多数を確保することに成功したため，自民党政権の危機は去った．1989年の参議院選，1990年の総選挙とも，野党の中では社会党だけが勝ったため，野党の足並みが乱れ，効果的に自民党に対抗することができなかった．そのため，参議院の過半数割れによる困難が予想された国会運営も，政府・自民党は，政策次第によっては政府案に賛成してくれる政党に頼ることができたり，また，いわゆる国対政治によって，与野党協力を取り付けたりすることで重要法案を成立させることができた．

1998年の参議院選挙では自民党が惨敗したため，橋本龍太郎内閣が総辞職し，小渕恵三内閣に代わった．このときのねじれにおいては，野党の反対する政府案が参議院を通過する見込みはなかった．そこで，小渕内閣は，1998年秋の第143回臨時国会で，金融機関の破綻処理をめぐる金融再生関連法案について，民主党を中心とする野党共同提出の法案を丸のみすることで成立させるほかなかった．しかし，破綻前の金融機関への対応では，自民党が民主党をはずした形で自由党，平和・改革の協力を取り付けた金融機能早期健全化緊急措置法を成立させることができた．これがきっかけとなって，

小渕内閣は参議院での多数派形成を目的とする連立を画策し，1999年1月に自由党との連立をスタートさせ，10月には公明党を加えて自自公連立政権となり，両院での多数を確保することに成功した．

このように，政府・与党は，野党側を分断して，中間小政党の協力を取り付けたり，連立を組んだりして，参議院での法案に対する過半数の支持を確保した．

しかし，2007年の参議院選挙後の衆参ねじれ国会は，これまでとは状況が異なり，政府・与党にとってもっとも深刻な状況だった．この時，政府・与党は衆議院では3分の2を超す議席を持っていたが，参議院では自民党に代わって民主党が初めて第1党になり，小会派と統一会派を形成してほぼ過半数を制して，参議院の議事運営をコントロールした．そのため，政府・与党側は，民主党の賛成を得られない法案を参議院で可決することが不可能になった．しかも，政府・与党が参議院での与党の過半数割れを補うために協力を求めることのできる政党が存在しなかった．参議院の会派構成は，民主党対与党の自民，公明両党が基軸となっており，重要問題で対立したときに打開する道は衆議院で法案を再可決するしかなかった．

衆参ねじれ国会は，2009年8月の衆議院選挙で民主党が過半数をとったことで，自公連立政権から民主党中心の連立政権へと政権交代が起こり，同時に，両院の多数派が一致して解消された．しかし，鳩山内閣は米軍普天間飛行場移転問題と，鳩山本人と小沢幹事長の政治とカネの問題により，内閣支持率が低迷し，社会民主党が政権から離脱した直後の2010年6月，退陣した．民主党の両院議員総会で民主党代表に選出された菅直人が首相に就任すると，いったんは内閣支持率がV字回復したが，菅首相が消費税増税を検討すると発言したために，有権者の反発を買って2010年7月の参院選で惨敗し，再びねじれ国会となった．

この衆参ねじれ国会は，2007-2009年の自公連立政権の時とは異

なり，政権政党が衆議院で3分の2を超す議席を持たず，参議院で野党の協力を得ない限り重要法案が成立しない状況だった．菅首相は，小沢元代表の影響力を排除する脱小沢化と社会保障と税の一体改革を掲げて，支持率回復を図ろうとしたが，野党の協力を求めながら譲歩しない稚拙な国会運営と党内対立をあえて引き起こした手法に反発が強まり，政権運営は行き詰まっていた．そこに，2011年3月に東日本大震災が発生し，菅首相は震災対応に思いつきとパフォーマンスばかりを繰り返し，重要な決断ができないリーダーシップの不在を露呈した．菅首相は，自民党の谷垣禎一総裁に入閣し私の責任の半分を分かちあってほしいと大連立を唐突に提案して断られた．震災復興への対応の遅れもひどく，菅首相が政権を担当する資格も能力もないことを理由に，野党側が菅内閣不信任決議案を提出し，民主党内からも多数の賛成者が出る見通しとなり，菅首相は，6月2日，震災への取り組みに一定のメドがついた段階での退陣を表明することで，決議案の可決を免れた．その後，3カ月間も首相の座に居座り続けることで政治空白が続いたが，退陣の3条件の達成をメドに総辞職した．

2011年9月に代わって登場した野田首相は，党内融和に最大限配慮して，与党内の支持を確保した．しかし，衆参ねじれ国会に対応するためには，野党との協調姿勢も不可欠だった．同時に，震災復興や社会保障と税の一体改革を将来世代に先送りせず，今を生きる世代で連帯して負担を分かちあうことを提唱し，「決められない政治」からの脱却を訴えた．それは，衆参で多数派が異なるために法案成立が困難なねじれ国会において，野党側が許容するまで譲歩し，野党案を丸呑みすることを意味した．野田内閣は，社会保障・税一体改革大綱を2012年2月に閣議決定し，3月末に消費税増税法案を閣議決定し国会に提出した．そして，6月15日に民主，自民，公明の3党が，社会保障制度改革に関する民主党マニフェスト

を事実上撤回し，新たに設置する国民会議に審議を委ね，消費税の増税を行うことを合意し（3党合意），6月26日に衆院で3党の賛成により法案を可決した．しかし，採決では小沢グループを中心に57名が反対し，16名が棄権・欠席した．そして，離党した議員たちは「国民の生活が第一」を結党した．野田内閣は消費税増税法案を成立させるために，自公との3党合意を優先し，党内反対派を切り捨てたということである．その結果，2012年12月の総選挙では民主党は2009年と比較して2000万票もの票を失い，わずか57議席しか獲得できない惨敗を喫し，政権から転落した．

(3) 衆参ねじれ国会における立法

さて，次に衆参ねじれ国会における立法について説明する．まず，憲法は，前述したように，「法律案は，この憲法に特別の定のある場合を除いては，両議院で可決したとき法律となる」（59条1項）と定めて，原則として，同じ法律案を両院で可決することを求めている．

2院制における法案の成立条件は，両院の多数派が同時に賛成すること（concurrent majority）である．日本の憲法制度の下で，どのような法案がこの条件を満たすかを演繹的理論モデルによって検討していこう．新たに成立する法律は，現状を変更する新しい政策を実施するためのものであるから，政策空間内の1点にある現状を空間内の別の1点へと変更する．衆参ねじれ国会においては，衆議院の多数派は政権政党であり，参議院の多数派は野党である．この両者が合意できるような法案であれば，衆参ねじれ国会においても成立する．各党とも，法律の成立によって実施される政策がどのくらい好ましいかという指標（効用）を持っていると考える．その成立法案の好ましさと法案が成立していない状況である現状（status quo）の好ましさとを比較して，与野党双方にとって，法律の

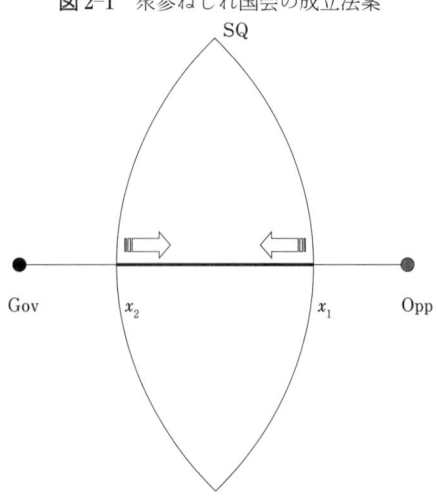

図 2-1　衆参ねじれ国会の成立法案

方が好ましければ，その法律は成立する．これが基本の成立法案のあり方である．

　図 2-1 は，政策空間上に，政権党（Gov）と野党（Opp）の理想点（最適点）を左右に取り，法案が成立していない現状を SQ とすると，どのような法案が可決成立するかを示している．SQ よりも自分の理想点に近い法案が好ましいので，与野党ともに好ましいと考える範囲の政策を実現する法案が成立する．その範囲を現状のウィンセット（winset，勝利集合）と呼ぶ．ウィンセット内のどこでも成立するが，双方にとってその点より好ましい点が必ず存在する線分 $x_1 x_2$ の範囲（コア，core）に落ち着くと考えられる（Tsebelis and Money 1997; Tsebelis 2002）．政権政党側は，自分の理想点（Gov）の法案を提出した後で野党の求めに応じてそれを修正するのではなく，始めから野党側も許容できる範囲の法案を提出し，それに野党も賛成することになる．

　このように，衆参ねじれ国会においても，両院（与野党両党）に

4. 立法と2院制

とってともに現状 SQ よりも好ましい法案を成立させることができる。したがって、衆参ねじれ国会になるとすべての法案審議について国会が機能不全に陥るというのはあやまりである。また、逆に、両院（与野党両党）がともに現状よりも好ましくないと考える法案は、図 2-1 のモデルではけっして成立しない。このモデルでは、両院の与野党両党がそうした法案を拒否する権利を持つ拒否権プレイヤーである。

しかし、わが国の憲法には、衆議院と参議院の議決が異なったときには、衆議院の出席議員の 3 分の 2 以上の多数による再可決で法案を成立させることができる規定がある（59 条 2 項）。この再可決ができる場合に、図 2-1 におけるウィンセット内のコアとはどのように異なる立法的帰結が生じるだろうか。

図 2-1 において、与党は現状では SQ と同等の x_1 から得られる効用があるが、政府原案として与党の理想点（Gov）の法案を提出し、野党により参議院で否決されても衆議院で再可決して政府原案を成立させることが可能である。しかし、野党の強い反発は政府の強引さを有権者に印象づけ、有権者の不評を買うかもしれない。したがって、政府与党は再可決にはコスト c がともなうことを認識し、再可決を使用することに慎重になる。もし、コストがかからないならば、すべての法案を再可決でやればいいだけである。そこで、再可決をするか、あるいは、最終的にできるだけ原案に近い左寄りで決着したいと考える。もし、最終的に x_1 より右側になる場合には、法案を提出しない（あるいは撤回する）方がよいから、与党は絶対に受け入れない。野党は、現状では SQ と同等の x_2 から得られる効用があるが、これも自分の理想点（Opp）にできるだけ近づけるよう右寄りで決着したいと考える。野党の場合には、与党が再可決を使って x_2 より左側の政府の理想点（Gov）にある政府原案で決着しても、阻止することができない。しかし、野党は政府原案を参

104　第2章　議会と内閣

図 2-2　再可決による政府原案の成立

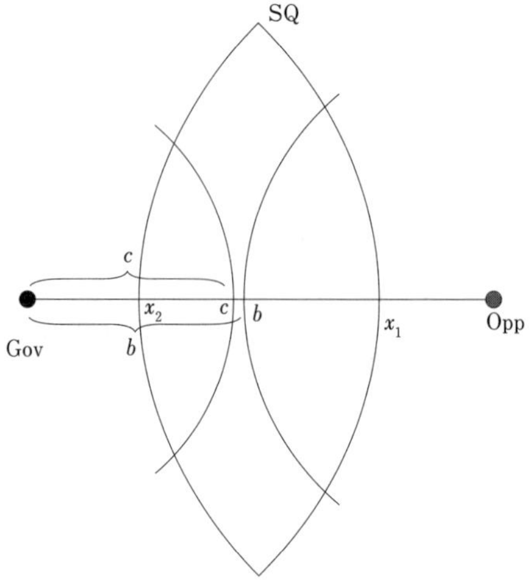

議院で否決できる影響力を持つことを示すことによって，有権者にアピールすることができたり，あるいは，与野党で修正協議を進め，野党側にとってより好ましい内容の法案に修正した上で成立させたりすることができる．そうした野党側のメリットとして，参議院での法案否決による利益 b があると考える．2007–2009 年の自民党政権における衆参ねじれ国会では，野党が参院での法案否決の利益 b を獲得し，政府・政権党が再可決コスト c を支払った上で政府原案（政府の理想点）を成立させるという効用を得たということである．

　図 2-2 は再可決による政府原案の成立を示す図である．野党の否決の利益 b は政府の理想点（Gov）を原点としてそこから野党の理想点へと近づく距離として表され，与党の再可決コスト c は，再可決して政府原案の法案が成立してもそこから効用が遠ざかる距離として表される．すなわち，b の位置は，野党にとって，参議院で政府原案を否決し，そのあと衆議院の再可決で政府与党の理想点の法案が成立することと，始めから b の位置の法案を与野党合意で成

4. 立法と2院制   105

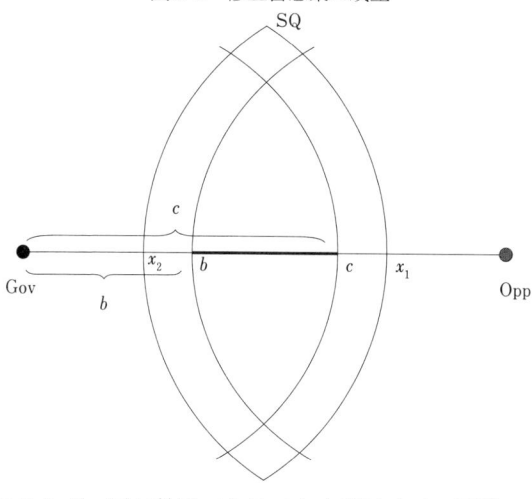

図2-3　修正合意案の成立

立させることが，同じ効用であることを意味する．同様に，c の位置は，与党にとって，政府与党の理想点の法案を再可決して c のコストを負担することと，再可決せずに，始めから理想点から離れた c の位置にある法案を与野党協議で成立させることが，同じ効用であることを意味する．図2-2は，与党の再可決コスト c が野党の否決の利益 b よりも小さい場合である（$c<b$）．このとき，野党は否決した方が効用が大きく，与党側は再可決のコストが小さいので再可決で原案（Gov）を成立させた方が，下手な妥協よりもよいということである．

　しかし，参議院否決，衆議院再可決という手順を踏まなくてもそれよりも双方にとって好ましい修正法案があるとすれば，政府与党と野党は最初からさっさと合意して成立させると考えられる．その条件は野党の否決の利益 b が与党の再可決のコスト c より小さいことである（$b<c$）．それを示したのが図2-3である．与党が再可決して得られる c の位置の効用と，野党が否決して得られる b の位置

106　第2章　議会と内閣

図2-4　再可決ができない場合の成立法案

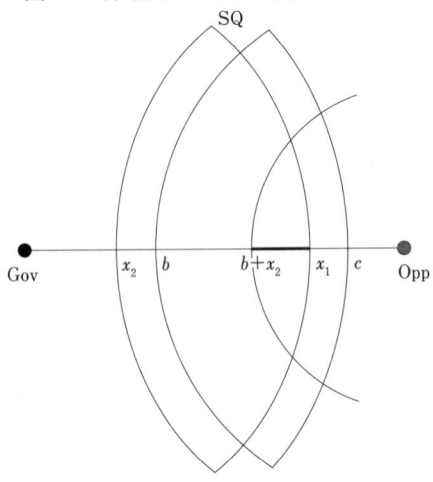

```
                    SQ

●───────────┼──┼────┼────┼─┼──●
Gov        $x_2$ $b$  $b+x_2$ $x_1$ $c$  Opp
```

の効用の間に，与野党がともに自分の効用をより大きくできる範囲が存在している．与党は，再議決するよりも c の左側にある法案で与野党合意した方がよく，野党も，否決するよりも b の右側にある法案で与野党合意した方がよいので，この範囲のどこかで，合意された法案が与野党の賛成により成立する．

さて，次に2010-2012年の衆参ねじれ国会のもとでの民主党内閣について考えてみると，与党側は衆議院で3分の2の多数を確保する方法がないので，これでは，野党側に足下を見られることになる．再可決ができないことは，コスト c が法外に高いことで表すことができる．そのときには，図2-3の bc の範囲にあるような修正合意案は成立しない．図2-4にあるように，c は現状と同等の x_1 よりも与党の理想点から遠い．そこで，野党側は，現状 x_2 の効用に否決の利益 b を上乗せして政権党側に譲歩を求めることになる．図2-4において与野党が合意できる修正法案は，$b+x_2$ と x_1 の範囲であり，図2-3の場合よりもずっと野党の理想点に近くなっている．こ

表 2-2 衆参ねじれ国会における閣法の審議結果

回次	新規提出	成立	うち修正	再可決	継続	成立	うち修正
168 回（2007.9〜2008.1）	10	10	0	1	9	4	4
169 回（2008.1〜6）	80	63	13	6	4	0	0
170 回（2008.9〜12）	15	10	2	2	19	4	3
171 回（2009.1〜7）	69	62	20	8	14	4	4
176 回（2010.10〜12）	20	11	3	0	17	3	2
177 回（2011.1〜8）	90	72	16	0	19	10	7
178 回（2011.9〜10）	0	0	0	0	22	0	0
179 回（2011.10〜12）	16	10	5	0	22	3	3
180 回（2012.1〜9）	83	55	23	0	23	6	4
181 回（2012.10〜11）	10	5	1	0	33	2	1

れが，民主党内閣期の衆参ねじれ国会における成立法案の条件である．要するに，野党側は，政府がそれでも成立しない現状よりはましだというところまで政府法案の修正を要求することができるということである．これは，1998 年に小渕内閣が野党共同提出の金融再生関連法案を丸呑みした時と同じ状況である．民主党内閣は，政府提出法案を野党が許容するまで修正する譲歩を行うことによってしか成立させることができなかったのである．

表 2-2 は，2007–2009 年および 2010–2012 年の衆参ねじれ国会における政府提出法案の審議結果をまとめたものである．第 168 回から第 171 回までが自公連立政権のもとでのねじれ国会であり，与党側は衆議院の 3 分の 2 以上の多数で再可決することができたので，この期間には合計 17 件の法案について参議院が否決あるいは 60 日以内に議決を行わず否決とみなされた後，衆議院で再可決されて成立した．他方で，数多くの法案が成立しており，その中には修正を経て成立したものもある．新規提出法案 174 件のうち 145 件が成立しており，83% の成立率である．成立法案中の修正件数は 35 件であり，24% が修正されている．継続法案は 46 件中 12 件で 26% が成立したが，そのほとんどが修正されている．ねじれ国会のもとで

は再可決によって成立するか,あるいは,与党とともに野党も法案に賛成して可決成立しているわけであり,与野党協議による修正も頻繁に行われたということである.第176回から第181回までが,民主党政権のもとでのねじれ国会であり,民主党は衆議院の3分の2の議席を持っていなかったので,再可決によって法案を成立させることはできなかった.したがって,この期間に成立した法案は,ほとんどが与党の賛成に加えて野党各党が賛成に回ったことで成立した[22].新規提出法案219件のうち153件が成立しており,70%の成立率である.また,成立法案中の修正件数は48件であり,31%が修正されている.継続法案は136件中24件で18%が成立したが,修正されたものが多い.自公政権と比較すると,民主党政権では閣法の法案成立率が低く,修正率が高い.民主党政権は,国会運営の稚拙さと相まって,ねじれ国会における国会運営に苦しんだということができる.

---

[22] 自民党と公明党がともに反対したもので成立した法案はないが,ごく一部に自民党が反対し,公明党が賛成して成立したものがある.

第3章　政党と内閣

　本章では，議院内閣制における政党の役割について見ていく．議院内閣制においては，政党が有権者の投票を求めて選挙競争を行い，その結果，議会内の政党勢力分野が決定され，議会内の多数派勢力によって政権を担当する内閣が事実上選出される．内閣は政党が中心となって組織する政党政府（party government）である．議会の過半数を占める多数党は単独で政権を組織するが，そうした多数党がいない場合には多数派勢力を形成する複数の政党が連立政権を形成する．議院内閣制における政党政治は，選挙結果および議会内多数派の形成のプロセスを通じて，複数の政党が競争したり協力したりして政党内閣を形成し，議会の多数の支持の変動により政権を交代したりすることによって展開される．第1節では，政党がどのような目的で政権に参加し，どのような連合を形成するかについて概観し，政権合意が持つ役割について説明する．次いで，日本における連立政権と政権合意について見る．第2節では，議院内閣制の議会において政党が果たす役割について検討し，与野党間の対立と協調のあり方について，マジョリテリアン・モデルとコンセンサス・モデルという2つのモデルがあることを説明し，日本が前者に属することを説明する．

1. 議院内閣制における政権と政権合意

(1) 政党内閣の形成

　政党政治の主役である政党はいかなる目的をもっているだろうか．ストロムとミュラーは，政党が公職，政策，得票という3つの目的をめざすことを指摘する (Strøm and Müller 1999)．彼らの指摘は，通説として広く受け入れられている．彼らによれば，第1に，政党は政府公職をコントロールすることをめざしており，政権を獲得してできるだけ多くの内閣の大臣や副大臣などの政治的任命職に党所属議員を就任させようとする．公職は，選挙において勝利を収め，政権に参加することによって得られる分け前としてそれ自体の価値があり，また，政府政策に影響力をふるうための手段としての価値がある．さらに，政権政党として次の選挙に臨むことが有利になるという意味でも価値がある．

　第2に，政党は政府政策に対する影響力を最大化することをめざしている．政党はさまざまな政府政策問題に対してみずからの立場を表明し，もっとも選好する政策の実現をめざし，好ましくない政策の変更を阻止しようとする．政権に参加することによって，これまでの現状よりは好ましい政策を実現することができる一方で，従来の主張から見れば後退した妥協の政策を受け入れざるを得ないこともありうる．政党はさまざまな政策を掲げて他の政党との違いを際立たせて競争し，有権者は自分の政策的選好に近い政党を支持する．政策は，それ自体として政党にとって本質的な価値があるとともに，有権者にアピールするための手段としての価値がある．

　第3に，政党は有権者からの得票を最大化することを目的としている．政党は得票を最大化することによって，より多くの議席を獲

得し，政権に参加し，政策に影響を及ぼすことができるようになる．したがって，政党は何よりもまず得票最大化を第一の目的とすると捉えることは，分析を単純明快にする上でも大きなメリットがある．しかし，政党にとって得票それ自体の価値があるわけではなく，それをもとに政策の実現や公職ポストを得られるという手段としての価値があるだけである．

さて，政党がこれらの3つの目的を同時に達成できる機会は，まずない．1つの目的の最大化をめざせば，他の目的についてはベストの結果にはならない．たとえば，連立政権への参加交渉において，閣僚ポストと引き替えに政策的譲歩を求められることがある．他の政党を連立政権に招き入れるために，みずからの政策的主張をひかえざるを得ないことがある．また，連立政権への参加が，将来の選挙において有権者の支持を減らす結果につながり不利になることもある．また，一般有権者に受け入れられやすい政策を掲げることは，党を支持する活動家にとっては必ずしも好ましくない不徹底なものかもしれない．政党はこれらの目的の間のトレードオフに直面し，何らかの折り合いをつけていかなければならない．

政党内閣は，単独で議会の過半数を制した政党によって形成される場合もあるが，各国においてより一般的なのは，政党の連合（連立）による政権形成である．連立内閣の形成は，国により時期により，また政治状況によりさまざまなパターンがあり，本書でそれを実証的に扱うことはむずかしい．そこで，ここでは，そうした連立政党内閣の形成を説明する理論モデルについて，簡単に説明しておきたい（De Winter and Dumont 2006; Lijphart 2012）．大きく分けて，政党が政府公職の獲得を目的として連立政党内閣に参加すると捉えるアプローチと，政党が政府政策に影響を与えることを目的として連立政党内閣に参加すると捉えるアプローチがある．政党内閣が存続するためには，議会において多数派を形成し，議会の信任を得て

いる必要がある．そこで，どのような政党の間で連合を形成することが可能かという問題が探究された．

公職追求アプローチは，政党が自己の効用最大化をめざすアクターとして連合形成に参加するゲーム理論的枠組みでモデル化されている．各党が連合して形成された多数派が全体として得られる利得は政権という一定の値を持つ価値であり，各党はそこから閣僚ポストなどの公職を分け前として受け取る．したがって，政党の連合は，議会の多数を制する①勝利連合でなければならない．さらに，各党がそれぞれ受け取る分け前を最大にするためには，議会の過半数確保に必ずしも必要でない政党を余分に含む過大規模連合ではなく，過半数を確保するためにちょうど過不足のない②最小勝利連合が形成される．ライカーは，いくつか形成される可能性のある最小勝利連合のうち，議席数がもっとも少ない（過半数ぎりぎりの）③最小規模勝利連合が形成されるとした（Riker 1962）．ライアーソンは，最小勝利連合のうち，交渉に参加する政党の数がもっとも少ない方が，交渉コストが小さくスムーズに連合が形成されやすいため，④最小政党数勝利連合が形成されるとした（Leiserson 1966）．

ここまでのモデルは，政党の規模だけにもとづく連合形成モデルであり，政党の政策についてはまったく考慮されていない．そこで，政党の規模に加えて政策選好もあわせて考慮すると，政策選好が近い政党間の連合が形成されやすいことから，最小勝利連合のうち，政党間のイデオロギー的距離が最も小さくなる⑤最小距離勝利連合が形成される（Leiserson 1966）．さらに，アクセルロッドは，連合に参加する各党の政策的立場が隣接する⑥最小隣接勝利連合が形成されるとした（Axelrod 1970）．この連合は参加する政党が互いに隣接していることが条件となる．たとえば，比較的規模の大きい2政党が連合に参加するならば，その中間に位置する政策を掲げる小政党も参加するため，最小勝利連合ではなく過大規模連合になる可能

性がある．デ・スワンは，政策の重要性をいっそう強調し，政策的一貫性のある連合が形成されると考え，⑦最小政策距離連合を提示した（De Swaan 1973）．これは，勝利連合に参加する各党の政策と連合政権の実施する政策との間の距離が可能な限り最小になるような連合政権である．これも最小勝利連合とは限らない．さらに，政策空間モデルにおいては，メディアンの位置にある政党の政策がつねに多数の支持を得ることができるため（メディアン・ヴォーター定理），メディアン政党は政策においては独裁者のようにふるまうことができる．そこで，⑧メディアン政党を含む連合が形成されると予想される．このモデルでは，メディアンの政策は，他のすべての政策選択肢に対しても多数の支持を得ることができるので，連合自体は勝利連合であろうと過大規模連合であろうと，あるいは少数派連合であろうとかまわない．

　以上のように，政党が政府公職の獲得を追求して連合を形成しようとするならば，最小勝利連合によって多数派を形成するモデルとなるが，政党が公職追求目的だけでなく政府政策の実現を追求する目的を重視するようになるにつれて，最小勝利連合から逸脱するモデルとなっていく．

　ストロムは，こうした状況においては，また，過大規模内閣ではなく少数派内閣が形成されやすいと主張する（Strøm 1990）．政党は，政権参加による公職ポストの獲得だけでなく，政府政策の実現をめざしており，また，近い将来の選挙での投票の獲得をめざしている．そして，公職を得るためには現政権への参加が必要であるが，政策の実現のためには必ずしも政権参加は不可欠ではなく，野党であっても政府政策に対して影響力を行使できる機会があればよい．さらに，将来の選挙を考慮すると，現時点での公職や政策実現の追求という目的と，選挙後における政権参加と政策実現という将来の目的との間にはトレードオフの関係がある．政党の政府政策に対す

る影響力は，政権参加した場合の方が野党でいる場合よりも大きいが，その差は強力な委員会制度と審議権限を持つ議会がある場合には小さくなる．この差が小さければ，政党が政権参加するインセンティブは小さくなり，政権連合が拡大しにくくなる．これに加えて，現政権に参加することには利益だけでなくコストもある．すなわち，選挙における政党間競争が激しければ，政府パフォーマンスが政権参加した政党の選挙結果に大きく影響する可能性が高く，獲得議席が減少したときには選挙後の連立交渉における交渉力が弱くなりかねないというコストがある．少数派内閣は，参加する政党の議席合計が過半数に届かない段階で連立交渉が終了したときに生じる帰結であるが，それは，連立参加した政党がこれ以上の連立の拡大を望まないか，あるいは，参加を打診された政党が参加せず野党でいることを選択したからである．少数派内閣は，政権に参加することで得られる利益が小さくコストが大きいとき，すなわち，政権参加いかんで政党の政策影響力の差が小さく，選挙競争が激しく選挙結果が連立参加の交渉に決定的である時に，形成されやすいということである．

(2) 政権合意

連立内閣は，参加する政党間の連立政権合意（coalition agreement）によって成立する．発足の段階で，各党間において，最低限，どの党が参加し，閣僚ポストをどう配分するかについて合意がなければならない．しかし，通常，政権合意は，連立内閣において進める政策課題に関する各党間の合意内容が中心となり，具体的な政策決定のための政党間協議の手続なども含まれることが多い．デ・ウィンターとデュモンによると，連立交渉のうち大部分を占めるのが政策に関する交渉であり，閣僚ポスト配分は政策合意の後に短時間で決着することが多い（De Winter and Dumont 2006）．

1. 議院内閣制における政権と政権合意　115

　西欧 15 カ国の連立政権合意の実証的分析を行ったストロムとミュラーによると，政権合意には，内容として，政策，役職配分，および手続という3つの事項が含まれる（Müller and Strøm 2008; Strøm and Müller 2010）．国によって大きな差があるが，大半の国では政策関連の記述が政権合意文書の 90% 以上を占める．2番目に頻繁に見られるのは連立政権内の手続に関する取り決めである．議会の採決においては連立政権に参加する政党の所属議員が政権の方針に従って投票する規律が不可欠であり，そのために，連立政権内における意思決定の手続に関する合意内容が一定のスペースを占める．これとは対照的に，政党間の閣僚ポストなどの役職配分はきわめて重要であるが，それらに関する記述は政権合意文書の中には少ない．役職配分については文書にしなくても合意があるからである．一般には，連立政権に参加した政党の所属議員数に比例した配分が鉄則となっている[1]．

　このように，連立政権合意は，連立政権の発足にあたって，参加各党が合意した内容であり，政権が実施する政策課題とその優先順位，閣僚ポストなどの政権の役職の各党への配分，連立政権の運営手続などに関する取り決めである．政権合意の目的は，連立政権内の対立を抑制し，政権の政策を調整することであるが，政権合意が実際に効果的であるかどうかは必ずしも保証されていない．しかし，多くの場合，政権合意は連立参加各党を拘束する．というのは，政権合意は，各党の決定機関による手続を経て成立し，内容が公表されるからである（De Winter and Dumont 2006）．

　ミュラーとストロムは，政権合意の重要性に疑問を投げかける2つの理論モデルについて検討している（Müller and Strøm 2008; Strøm and Müller 2010）．1つはレイヴァーとシェプスリーの閣僚ポ

---

[1] 閣僚ポスト配分に関する理論的実証的研究は数多く存在するが，本書では立ち入らない．

スト配分モデル（portfolio allocation model）である（Laver and Shesple 1996）．このモデルは，どの党がどの政策所管分野の閣僚ポストを手に入れるかによって連立内閣の政策結果が決まると仮定した上で，連立形成を予測するモデルである[2]．このモデルでは，各党は手に入れた閣僚ポストの所管分野について，自党の政策を実施する固有の権利を持つため，連立政権合意は無視されることになり，無意味となる．この所管大臣による統治モデルに対して，ミュラーとストロムは，現実の連立政権のリーダーたちが個々の大臣に対して強い説明責任を課すメカニズムを持ち，大臣が所管政策において広範な裁量権を行使することを制限する制度が存在することを指摘し，閣僚ポスト配分モデルの仮定が現実にはあり得ないと批判している．モデルとは異なり，現実には重要問題の政策調整は合議体としての内閣の閣議決定によって行われ，政権合意も連立内閣の決定として実施されるのである．

もう1つはツェベリスの拒否権プレイヤーのモデルである（Tsebelis 2002）．このモデルにおいては，連立政権の各党は，どの閣僚ポストが配分されているかにかかわらず，どんな政策に対しても拒否権プレイヤーである．現状を変更する新たな政策を決定するためにはすべての拒否権プレイヤーの賛成が必要であるから，連立内閣は全会一致によってのみ政策を決定することができることになる．したがって，政権合意は，なくてもかまわない余分なものである．この全会一致の内閣統治モデルに対しても，ミュラーとストロムは，必ずしも現実的ではないと指摘する．なぜなら，各党はみずからが好まない政策提案に対してしばしば拒否権を行使できないからである．政権合意で政策決定手続が決められている場合には，相互の拒否権行使がすでに排除されていることになり，内容的にも手続的に

---

2) 閣僚ポスト配分モデルについての簡潔な説明は川人他（2011）を参照．

1. 議院内閣制における政権と政権合意　117

も連立政党間で合意がない新たな政策の場合でも，1党がそれに反対して阻止できるかは明らかではない．その党の賛成がなければ法案が成立しない場合のみ，反対は効果的であるが，閣外の政党が賛成するならば，その効果はなくなる．そして，1党が政権離脱を覚悟して反対する場合にも，法案否決による利益が政権離脱に伴うすべての損失を上回るときのみ，反対が信頼されるが，そうでなければ，他党に無視される．

　以上の通り，レイヴァーとシェプスリーの所管大臣による統治モデルも，ツェベリスの全会一致の内閣統治モデルも，現実の連立政治を必ずしも適切に捉えてはいないといえよう．連立形成ゲームは，複数の政党が政府を組織する政党政府のゲームである．各党は，政権合意締結の交渉を行うことでコストを負担するが，それによって，連立政権各党間の取り決めが崩壊しないよう強化されるという利益を得る．各党は，政権合意においてコミットした政策に対して，あとで拒否権を行使することはできない．また，政権合意には，不特定の問題を解決するために用いることが合意された手続も含まれる．この手続の存在も各党の拒否権行使を制限する．

　政権合意を締結することで，各党にはどのような利益があるだろうか．ストロムとミュラーは，連立政権の運営を困難にする3つの要因を軽減するために政権合意が締結されると指摘する（Strøm and Müller 2010）．第1の要因は参加政党間の選好の違いである．政党は公職，政策，得票という3つの目的をめざしているが，これらの目的は政党間で対立する．参加しない場合よりも参加する場合の方がより目的を達成できる時に連立政権が成立するが，各党間の選好の違いが大きいほど，連立は脆弱になるため，政権合意の必要性が高まる．第2に，不確実性の問題がある．連立政権が直面する政策課題や政治環境は不確実であるため，連立を維持することが困難だと予想される時，政権合意を締結することによって，参加各党

の結束を支えることができる．第3に機会主義的行動の危険性がある．機会主義は，しばしば不確実性があるときにそれを利用して，ある政党が他の政党から政治的譲歩や利益を得ようとして当初の取り決めから逸脱する行動に出るようなケースである．機会主義の危険性を減少するために政権合意が締結される．

政権合意がどの程度まで政府政策決定に影響するかをベルギー，イタリア，オランダの6つの政権を対象として実証分析したムーリの研究によると，①政権合意に含まれる事項の過半数から3分の2が政府決定されて実施されており，②閣僚によって閣議に提出され決定された案件の60%が連立政権合意にもとづくものであり，③閣議決定の3分の1は，すでに内容が政権合意の中で明確に規定されたものであった（Moury 2011）．したがって，政権合意は，連立政権が実施する政策内容をかなりの程度まで規定しており，所管大臣が政権合意から逸脱した政策決定を行うのを防ぐ効果があるといえよう．

(3) 日本における連立政権と政権合意

細川内閣以来現在に至るまでの期間において，第2次橋本内閣と小渕内閣を除くすべての内閣が複数の政党による連立政権である．

細川内閣は，非自民の7党1会派による連立政権であるが，政治改革を最重要課題にあげ，衆議院の選挙制度を中選挙区制から小選挙区比例代表並立制に変えることを骨子とした政治改革関連4法を成立させた．細川内閣が約8カ月で退陣した後，羽田内閣が連立与党から社会党とさきがけが抜けた少数与党内閣として政権を担った．羽田内閣は2カ月で内閣不信任決議案を提出され総辞職し，自民党とさきがけが社会党を支える村山富市連立内閣が成立したことで，自民党は政権に復帰した．細川政権を支えた連立各党は1994年12月に新進党を結成した．村山首相は1996年に政権を自民党の橋本

総裁に譲った．その年の総選挙で，自民党は相対多数議席を確保して政権を存続したが，選挙直前に結成された民主党に所属議員が流れて勢力を失った社民党とさきがけは閣外協力に転じた．新進党は，政権獲得に失敗して1997年末に解党して6党に分裂し，その多くが1998年に民主党に合流したことにより，民主党は自民党に次ぐ第2党となった．

1998年の参議院選挙で，自民党は惨敗し，その責任をとって橋本内閣が退陣し，小渕内閣に交代した．小渕首相は，衆参ねじれを解消するために，1999年に自由党，公明党と連立政権を樹立したが，2000年に自由党が政権から離脱した時に，自らは病に倒れた．その後，森内閣，小泉内閣が公明党および，自由党から分かれた保守党（保守新党）などと連立政権を作った．自由党が2003年に民主党と合併したことにより，政権の受け皿となりうる政党が登場した．

小泉内閣が退陣した後も，安倍内閣，福田内閣，麻生内閣が公明党と連立政権を作った．2009年の総選挙で民主党が過半数を獲得し，鳩山内閣は，社民党，国民新党と連立政権を組織し，菅内閣，野田内閣も国民新党と連立政権を組織した．2012年総選挙後に再び政権についた自民党も，安倍内閣が公明党と連立政権を組織し，2014年総選挙後も連立を継続した．

表3-1は，1993年以降の各内閣の政権政党および衆参両院における政権政党の議席率をまとめたものである．日本における連立内閣の特徴として，次の3点を指摘することができる．第1に，連立内閣は衆議院の過半数の議席を占める政党によって組織される必要があるということである．細川内閣は衆議院では社会，新生，公明，民社，さきがけ，日本新党による最小勝利連合であるが，少数与党の羽田内閣はきわめて短命とならざるをえなかった．村山内閣と第1次橋本内閣は自民，社会，さきがけによる過大規模連合であるが，

120　第3章　政党と内閣

表 3-1　1993 年以降の連立内閣

内閣	年	連立政党	衆議院政権政党議席率	参議院政権政党議席率
細川	1993	社，日新，さ，新生，民社，公，社民連，民改連	0.509	0.520
羽田	1994	日新，新生，民社，公，社民連，民改連	0.376	0.246
村山	1994	自，社，さ	0.580	0.647
橋本1	1996	自，社，さ	0.590	0.595
橋本2	1996	自	0.478	0.438
小渕	1998	自	0.528	0.417
小渕改造	1999	自，自由，公	0.712	0.560
森1	2000	自，公，保	0.672	0.540
森2	2000	自，公，保	0.565	0.542
小泉1	2001	自，公，保	0.577	0.550
小泉2	2003	自，公	0.581	0.563
小泉3	2005	自，公	0.681	0.564
安倍1	2006	自，公	0.676	0.558
福田	2007	自，公	0.700	0.434
麻生	2008	自，公	0.697	0.430
鳩山	2009	民，社，国新	0.671	0.513
菅	2010	民，国新	0.651	0.506
野田	2011	民，国新	0.641	0.450
安倍2	2012	自，公	0.677	0.432
安倍3	2014	自，公	0.684	0.554

注：表中の政党は，社（社会党，社民党），日新（日本新党），さ（新党さきがけ），新生（新生党），民社（民社党），公（公明党），社民連（社会民主連合），民改連（民主改革連合），自（自民党），自由（自由党），保（保守党），民（民主党），国新（国民新党）である．

社会党と新党さきがけがまとめた共同政権構想を自民党が受け入れて村山内閣が発足したという意味で，政策選好の異なる各党を政権合意によって結びつけた連立内閣であるといえよう．第2次橋本内閣は社民，さきがけが閣外協力に転じたため当初は自民党少数派内閣だったが，復党する議員が相次いで1997年中に過半数となった．橋本内閣を引き継いだ小渕内閣は，1999年に自由党および公明党と連立政権を組織したときには衆議院における過大規模連合となっ

た．後継の森内閣も過大規模連合だったが，2000年総選挙後は自民，公明で過半数議席を確保する勝利連合となり，第1次，第2次小泉内閣も同じ状況だった．第3次小泉内閣は郵政解散総選挙の大勝により自民党だけで過半数となるため，自公の過大規模連合となり，その後の安倍内閣，福田内閣，麻生内閣も同様である．2009年総選挙で民主党が第1党となり社民，国民新党と連立政権を組織した鳩山内閣は，民主党が単独で過半数議席を占める過大規模連合であり，社民党が離脱した菅内閣，野田内閣も同様に過大規模連合であるが，野田内閣末期には民主党議員の離党が続出し過半数割れした．

第2に，政権政党が衆議院で過半数を占めていても，参議院で過半数に届かない場合に，参議院での過半数を確保するために連立することがある．前述の衆議院における過大規模連合のうち，小渕改造内閣以降の自自公連合と自公保連合は，参議院での多数を確保するために組織された．その後も，自民党は参議院で単独で過半数に届かないために，公明党と連立する必要があった．

第3に，衆議院の小選挙区比例代表並立制における選挙戦略として政党間で協力するため，あるいは，選挙協力を行った総選挙の結果として政権交代が生じた場合に，連立内閣が組織されたことがある．自自公連立の小渕内閣の政権合意には，小選挙区の候補者調整を行うことが盛り込まれており，選挙協力の不調が2000年に自由党が連立から離脱した主要な原因の1つであった．他方で，自民党と公明党の選挙協力は，候補調整によって小選挙区で競合することを避けた上で，公明党支持者が自民党の小選挙区候補者を支援し，比例代表選挙では自民党支持者が公明党への投票を支援する方式が行われたりした．小選挙区選挙において，自民党候補にとって公明党支持層からの支援票はきわめて重要であるため，自民党が単独で過半数を獲得しても公明党との連立を解消することは考慮されてい

ない．また，2009年の総選挙で民主党が過半数を獲得して政権交代したとき，それまで野党として協力関係にあった国民新党，社民党と連立政権を組織した．

(2)で見たように，連立内閣は，政権発足にあたって，政権合意文書を作成し，連立参加各党の党首が署名するのが通常である．細川内閣以降の歴代内閣は，発足時に連立政権合意文書や確認書，覚え書きなどを作成し，政権運営の指針としている[3]．一般的に各内閣の政権合意に共通する特徴を指摘することはむずかしいが，多くの政権合意は，最重要政策課題で合意ができたものを何点か掲げ，それ以外の政策課題については，協議を行い，合意を得て進めるとしている．細川内閣の政権合意は政治改革関連法案の成立を最重要課題としたが，それ以外については，政策課題を列挙しただけである．そのため，連立政権の運営において，連立与党と政府との間で政策調整を経て，与党代表者の会議と内閣とで決定を行うという政策決定過程が重要となった．詳細な政策プログラムが政権合意に含まれていないため，政権が課題に直面するたびに政権内の各党の対応は異なり，その調整をめぐってトラブルが絶えなかった．連立政権は課題ごとに多数派工作をしていかなければならなかった．

政治・経済・行政の抜本的な構造改革に取り組んだ橋本内閣やそれを引き継いだ小渕内閣の政権合意には，重要政策課題に関する項目がワープロで数ページにわたって比較的詳細に記述されている．それらとは対照的に，小泉内閣の3次にわたる政権合意はいずれも数項目の重点政策課題が掲げられているだけのワープロ1ページ程度のものである．後継の安倍内閣は9項目の重点政策課題を掲げ，

---

3) 服部（2014）は細川内閣から第2次安倍内閣までの連立政権合意文書および，民主党と自由党，自民党と保守新党の合併協議書を収録している．ただし，村山内閣における共同政権構想（社会党とさきがけがまとめ，自民党が受け入れたもの）は含まれていない．

福田内閣は15項目，麻生内閣は19項目を掲げている．2009年の民主党，社民党，国民新党による鳩山連立内閣の政権合意は，総選挙前に3党が合意した「衆議院選挙にあたっての共通政策」にある6項目に緊急のインフルエンザ対策や地球温暖化対策などを加えた10項目を掲げている．2010年の菅内閣，2011年の野田内閣では民主党と国民新党の間で2009年の政権合意を引き継ぐことの他1〜2項目という政権合意書を作成している．2012年の安倍内閣における自公連立政権合意は，震災復興，景気・経済対策，社会保障と税の一体改革など8項目を掲げ，2014年のそれは地方創生・女性の活躍，積極的平和外交などを加えて手直しした8項目を掲げている．

　政権合意は，連立内閣が推進した政策課題が掲げられており，各内閣は比較的忠実にそれらの課題を実施しようとしたようである．他方で，内閣が政権合意の内容と異なる方針をとった場合には，それを不満とする政党が政権離脱する事態に至ることがあった．前述したように，自由党が小渕連立内閣から離脱したのは，政権合意に含まれていた自民党との間での小選挙区における候補調整がうまくいかなかったことが主要な原因である．また，社民党が鳩山内閣から離脱したのは，政権合意にある「沖縄県民の負担軽減の観点から，日米地位協定の改定を提起し，米軍再編や在日米軍基地のあり方についても見直しの方向で臨む」ことを鳩山首相が断念したため，消費者担当相として入閣していた福島瑞穂党首が閣議了解に署名せず，罷免されたからである．

2．議院内閣制における与野党の対立と協調

(1) 内閣と議会政党との関係

　議院内閣制において，内閣と議会の政党との関係は，必ずしも一

様ではない．各国の議場における議席と内閣席の配置は，一面で内閣と議会の政党との距離感の多様さを表している．権力融合を特徴とするイギリスでは，庶民院は長方形の議場の中央の大テーブルの左右に議席が対峙する形で配置され，議長から見て右側が与党，左側が野党である．内閣閣僚は与党席の最前列（フロント・ベンチ）に，野党の影の内閣の大臣たちは野党席のフロント・ベンチに座り，それぞれの後ろ（バック・ベンチ）には平議員（バックベンチャー）が座る（King 1976）．イギリス以外の議場は扇型あるいは半円形が多く，議長席を中心として右翼から左翼へ政党別に議席が配置されることが多いが，ノルウェーとスウェーデンでは選挙区ごとに配置され，アイスランドでは抽選で議席が決まる．ベルギーやフランスの下院では内閣は議場の最前列の議席に座り，スウェーデンやデンマークでは内閣の議席が議場の右翼あるいは左翼の一角を占めるが，ドイツでは内閣は政党別に配置された議席から離れて議長の右側の一角に座る．オランダ，フィンランド，イタリア，オーストリアなどでも内閣は政党別に配置された議席から離れて，それに向き合う形で座る（Andeweg and Nijzink 1995）．

キングは，内閣と議会の関係を単に2つの機関のイメージ（two-body image）にもとづいて論じることはきわめてミスリーディングだと指摘し，イギリス，フランス，ドイツの分析をもとに，内閣と議会の与野党との間には5つのモードが存在すると主張している（King 1976）．すなわち，①内閣と野党との間の与野党対立モード（opposition mode），②内閣と与党議員との間の与党内モード（intra-party mode），③内閣と非党派的な議員グループとの間の超党派モード（non-party mode），④連立内閣内の与党間モード（inter-party mode），⑤内閣と議会内で協調する与野党議員との間の与野党協調モード（cross-party mode）である．

①の与野党対立モードは，野党が反対党として内閣・政権党と対

立するモードであり，イギリスの政党政治の大部分がこのモードである．「野党の義務はきわめて単純であり，すべてに反対し，何事も提案しないことである」（1841年の第14代ダービー伯爵の発言）といわれるように，野党は対立することによって政権党との違いを際立たせ，それによって将来政権を担当することをめざす（Norton 2008）．これに対して，内閣と与党は野党からの支持や採決での賛成票を必要とせず，得ようともしない．議会の採決においては，与野党ともに結束が強く，党規律にしたがって，賛否がきれいに分かれる．

②の与党内モードは，内閣と与党議員との間のモードである．内閣は法案の可決のために与党議員の賛成票を必要とし，不信任決議案の否決のためには与党議員の反対票を必要とする．内閣は，与党議員の支持をしっかりと確保している限り，野党からの攻撃に対して動じることはない．そこで，党内反対派や反主流派の存在は，内閣の存続と重要法案の成立にとってきわめて重要な意味を持つ．内閣は，政策に反対する議員たちを説得したり，交渉して合意点を見つけたりして，採決における政府提出法案への支持を取り付け，党議拘束によって造反を少なくする必要がある．

③の超党派モードは，議員たちが政党の立場から離れて活動するモードであり，与野党間では対立していない政策問題に超党派で取り組むといった場合である．内閣に明確な方針がない場合や，各省が積極的に推進しない問題について，議員たちがイニシアティブをとり，超党派の議員立法によって法律を制定するような事例が該当する．このモードは，内閣と議会の機関対機関の関係という古典的イメージに合致するが，現実には，きわめてまれである．

④の連立与党間モードは，連立与党内における政策の不一致や対立に関するモードであり，②の与党内モードと類似する．連立内閣を維持するためには，与党間の政策的立場の違いを調整し，議会採

決において結束を維持する必要がある．政権合意や政策調整のための手続が，連立内閣が常態化している議院内閣制各国において活用されている．

⑤の与野党協調モードは，キングが，特に，ドイツ連邦議会の委員会の特徴として指摘しているものである．基本的に各省に対応する委員会は，政党会派議員数に比例して配分された委員で構成され，委員長も同様に比例配分される．委員会では与野党議員が政策分野の専門家として法案審議と議論を行い，政策合意に到達するよう与野党が協調する．ノートンによると，与野党協調モードは，ドイツだけでなく，スカンジナビア諸国やラテン・アメリカ諸国においても見られ，イギリス庶民院で設置される調査のための特別委員会も政党ごとに委員が割り当てられるが，委員会活動は与野党協力のもとで行われているということである（Norton 2008）．

キングは，イギリス，フランス，ドイツ3カ国の分析において，イギリスを議院内閣制の多数党政府（majority-party government）のケースと位置づけ，そこには①与野党対立モード，②与党内モード，③超党派モードが存在するが，①と②が重要であり，③はあまり重要ではないと指摘する．また，フランスを大統領制と議院内閣制のハイブリッドであると位置づけ，そこには，①と②の存在が確認されるが，③はほとんど存在しないとする．さらに，議会における与野党がともに政党連合であるため，②の与党内モードには④の連立与党間モードが混入しているが，全般的に議会に対する政府の優越が確立しているため，イギリスと比較すると①も②も影響力が小さく，重要性が低いとしている．キングは，ドイツを議院内閣制の連立政権のケースと位置づけ，そこには，①，②，④および⑤の与野党協調モードが存在すると指摘する．戦後ドイツの政治においては，いかなる組み合わせの連立にも参加することが可能な政党間の連立あるいは大連立による内閣が政権を担当してきた．

どの政党も，野党として政権には参加していない時でも，議会委員会審議には与党とともに実質的に参加しており，与野党協調の議会運営が行われてきた．キングは，ドイツ政治を高度にコンセンサスを重視する政治であると特徴づけている．

(2) マジョリテリアン・モデルとコンセンサス・モデル

前項で説明したように，議院内閣制における内閣と議会の関係は単純な機関対機関の関係ではなく，内閣と与野党の関係には5つのモードが存在し，国によってそれらの重要性が異なっている．

レイプハルトは，現代民主政治を組織し運営するための政治制度のルールと慣行には，多数主義的（majoritarian）かコンセンサス（consensus）重視かという点で明瞭なパターンと規則性があると主張し，36カ国の実証分析によって，各国を空間的に位置づけている（Lijphart 2012）．民主政治は政治的に平等な構成メンバーに応答する特質を持つ政治システムであるが，構成メンバーの選好が一致せず多様であるときに，構成メンバーの多数派が政権をコントロールし，多数派の利益に応答するのがマジョリテリアン・モデルである．これに対して，できる限り多くのメンバーが政権に参加し，できる限り多くのメンバーの合意にもとづく政策を追求するのがコンセンサス・モデルである．レイプハルトは，マジョリテリアン・モデルとコンセンサス・モデルの特徴を，表3-2にあるように10個の変数の対比で示している．

レイプハルトは，マジョリテリアン・モデルを，その典型であるイギリスにちなんで，ウェストミンスター・モデルとも呼んでいるが，イギリス型の議院内閣制だけでなく，一般的な民主政治のモデルとして論じている[4]．イギリス，ニュージーランド，バルバドスの

---

4) レイプハルト自身は両者を相互互換的に用いると述べているが，ウェストミンスター・モデルは，より狭く，イギリス型議院内閣制を指す用語として

表 3-2 マジョリテリアン・モデルとコンセンサス・モデル

	マジョリテリアン・モデル	コンセンサス・モデル
1	単独多数党内閣への行政権集中	多党連立内閣での権力共有
2	内閣優位	行政権と立法権の均衡
3	2大政党システム	多党システム
4	小選挙区制	比例代表制
5	利益集団多元主義	利益集団コーポラティズム
6	単一集権国家	連邦制，分権的政府
7	1院制議会への立法権集中	強い2院制
8	議会の単純多数で改憲可能	特別多数でのみ改憲可能
9	違憲法令審査制なし	違憲法令審査制あり
10	中央銀行の行政権への従属	中央銀行の独立性

他，ギリシャ，マルタ，フランスなどがこの類型の代表的な国である．また，コンセンサス・モデルは，オランダなどにおける多極共存型（consociational）デモクラシーに関する彼の以前の研究から発展したものと考えることができるが，やはり，オランダにとどまらず一般的な民主政治のモデルである．これには，ベルギー，ドイツ，オーストリア，北欧のデンマーク，ノルウェー，スウェーデン，フィンランド，およびイタリアが代表的な国として含まれている．

キングによるイギリス，フランス，ドイツの分析では，イギリスとフランスにおいては与野党対立モードと与党内モードが重要であり，ドイツにおいては，これらのモードに加えて与野党協調モードが重要だった．この分析から導き出される推測は，マジョリテリア

も用いられる．本書で，マジョリテリアン・モデルの用語を用いるのは，この類型の多くの特徴がイギリスに限らず，しばしばイギリスと対比されてきたフランスにも見られるからである．また，日本における近年の政治改革は，イギリス型という意味でのウェストミンスター化を志向すると捉えられることもある（待鳥 2013；古川 2014）．ただし，後述するように，日本では戦後一貫してマジョリテリアン・モデルの多くの特徴が見られるため，広義の意味でのウェストミンスター・モデルへの転換があったわけではないことに注意する必要がある．

ン・モデルにおいては，与野党対立モードと与党内モードが内閣―議会関係において重要であり，コンセンサス・モデルにおいては，相対的に与野党協調モードが重要であるということである．以下，ギャラガーたちの議論も参照しながら，2つの民主政治モデルにおける内閣―議会の与野党関係について見ていこう（Gallagher, Laver, and Mair 2011）．

マジョリテリアン・モデルでは，政府が議会の多数派の支持を確保しており，政府提出法案を与党議員の賛成によって無修正で可決成立させることができる．政府は与党議員の造反には注意しなければならないが，野党の支持を期待する必要はなく，どのように野党が反対しようとも，与党が多数を押さえているので，可決成立させることができる．野党は，立法における役割と影響力が限られており，政府政策を批判し，有権者にアピールして次の選挙で多数派になることをめざす．これとは対照的に，コンセンサス・モデルでは，政府は政党の連立政権として組織されることが多く，時には議会の主要政党がすべて参加する大連立内閣となることもある．また，スカンジナビア諸国では少数派内閣となることが多いが，政権に参加しない政党がすべて内閣と対立するわけではなく，閣外にあって政府を支持する政党となったり，政策により政府に協力する政党となったりする（Christiansen and Damgaard 2008）．議会の立法過程においては，与野党対立よりも与野党協調が基調となり，政府提出法案の審議も野党の賛成をできるだけ得られるように進められ，修正されることも多い．

2つの民主政治モデルの政治システムには，議会制度において対照的な特徴が3点ある．第1に，マジョリテリアン・モデルの議会では，政府が議会の議事をコントロールすることが多いが，コンセンサス・モデルの議会では，議事は政党会派間の合意あるいは政党会派との協議を経た上で議長によって決定される．第2に，コンセ

ンサス・モデルの議会においては，もっとも重要な活動は委員会で行われるが，マジョリテリアン・モデルの議会においては，本会議が主要なアリーナである．第3に，典型的なコンセンサス・モデルの議会では，法案は本会議で審議される前に委員会に付託される．これによって法案が与野党協調モードの全会一致によって修正される場合が多くなっている．他方，マジョリテリアン・システムでは，法案は通常，本会議で承認された後で初めて委員会に付託されるが，そのときには，すでに問題が政治化して与野党間の交渉による修正はむずかしいことが多い (Gallagher, Laver, and Mair 2011)．

マジョリテリアン・モデルの典型であるイギリスでは，野党第1党は「女王陛下の反対党」(Her Majesty's Opposition) という特別の地位を与えられているが，他の国における野党よりも立法に対する影響力は小さい (von Beyme 1987; Gallagher, Laver, and Mair 2011)．通常，政府側は庶民院の過半数議席を占めているため，野党は政府の提案に反対の討論を行うだけであり，それが立法結果に影響を及ぼすことはなく，議会外の有権者に対する野党としての存在感をアピールすることが主要な目的である．議会での採決においては，与野党ともに政党投票が行われ，党の一体性は一般に高い．時々バックベンチャーによる造反が見られるが，それによって政府提案が敗れることはほとんどない．小選挙区制のもとで政権与党が安定多数を占めていることが多いため，若干の造反が生じても困らないのであり，また，それが造反の一因ともなっている (Bergman et al. 2003)．1979年に省庁別に専門化した包括的な特別委員会制度が導入され，政府監視と調査において野党議員が一定の影響力を持つようになったが，これらの委員会は法案審査を行わないので，立法過程における野党の影響力にはほとんど変化がない．近年選挙における多党化が進行し，2010年の総選挙では第1党の保守党が単独過半数に届かず，自由民主党と政権合意を締結して連立内閣を組

織した.

　フランスにおいては，内閣を支持する国民議会の多数派は保守の場合も中道左派の場合も政党の連合であるため，与党としての一体性が弱く，内閣にとって脅威になりうる．しかしながら，フランス第5共和制は合理化された議会主義と呼ばれるように，議会の多数の支持の上に内閣が存立する議院内閣制であるとともに，議会の権限を制限し，内閣の優越を確保する憲法規定が置かれているため，内閣は存続し政府政策を立法化することができる．すなわち，第1に，かつては通常会期が年間5カ月半に制限されていた（現在は9カ月）．第2に，議会の立法の範囲は限定列挙された事項に限られ，それ以外は政府の命令事項となっている．第3に，政府が要請する案件が優先的に議事日程に登載される．第4に，議員立法の提出には制限があり，また政府が不受理にすることができる．第5に，政府は議会による修正案の審理に反対することができ，政府が認めた修正案のみを含む1回の投票で法案を採決する一括投票（vote bloqué）にすることができる．第6に，信任投票手続により特定の法案に政府の信任をかけることで，議会で不信任動議が24時間以内に可決しない限り，法案を自然成立させることができる（大山 2003, 2013；Knapp and Wright 2006）.

　アイルランドにおいては，ほぼすべての法案が政府提出であり，議員提出法案が成立したのは過去数十年間でわずか1件しかない．イギリスと同じように，政府が議会の議事をコントロールしており，権力の融合が特徴である．1990年代に委員会改革が行われ，法案審査および行政監視における委員会の役割が増大したが，野党議員の影響力の増大にはつながらず，政府が実質的にコントロールしている（Gallagher, Laver, and Mair 2011）.

　コンセンサス・モデルの典型はドイツであり，連邦議会の高度に発達した委員会システムが議員の議会活動の中心となっており，委

員会開会回数は本会議のそれよりも 10 倍多く，委員会審議が本会議での討論よりも優先される．ドイツ連邦議会は討論する議会（debating chamber）というよりも機能する議会（working chamber）であり，それを担うのが委員会である（Schmidt 2003）．連邦政府は連邦議会の多数派連合によって組織されるが，連邦参議院は各州政府代表によって構成されるため，連邦議会とは多数派政党勢力が異なることが多く，法案の可決成立のためには，与野党協力が必要となる．法案を作成する各省は，連邦政府が法案を正式に決定する前に，連邦議会内の政党会派事務局や各州政府，関係する利益集団や専門家組織などに送付し，議会で審議が行われる以前の早い段階で法案についての事前情報提供が行われている[5]．

委員会審議では，法案の一般原則については連邦政府の方針がそのまま通ることが多いが，法案の技術的な詳細に関しては，与野党協調モードの交渉と妥協が広範に行われる．その結果，政府提出の全法案の約半数が委員会で修正され，その後，本会議では全会一致で可決されるのがルーティンである．本会議は，政党会派幹部および法案の討論と採決ごとに関係する委員が中心となって出席するだけのことが多く，一般に出席率は低いが，賛否の票数をカウントする採決の場合のみ定足数の確認が必要となるので，通常は，票数をカウントしない起立投票などの方法で可決される．もちろん，党派的対立がすべて解決されるわけではなく，採決結果が全会一致とならないものもある．1980 年代において，一時的に採決における全会一致は減少したこともあるが，今日まで，大部分の法案が全会一致で可決されている（Schmidt 2003）．

オーストリア，オランダ，ベルギーといったかつての多極共存型デモクラシーにおいても，強力な委員会制度の存在は野党が政策に

---

5) ドイツ連邦議会職員との個人的面談．Federal Ministry of the Interior (2002) 参照．

影響力をもつ機会を提供している．これらの国では，議会委員会は政府の各省に対応する政策別の専門化した常任委員会であり，本会議に先立って法案審査を行い，少数意見の本会議報告が認められ，委員および委員長ポストは政党会派の議員数に比例して配分されている．委員会は本会議からは自律的に運営され，修正や法案作成が行われることもある (Mattson and Strøm 1995; Andeweg, De Winter, and Müller 2008)．オーストリアでは，1980年代半ばまでは大部分の法案が全会一致で可決し，法案賛成投票は平均して90%を超えていた．それ以降は緑の党の進出や自由党の戦略変更により全会一致で可決する法案は50%以下に下がったが，法案賛成投票が80%を下回ることはほとんどない．オランダでは，1963–1986年において，野党が議会で採決された法案に反対した比率は，自由党が8%，労働党が12%，共産党が16%であり，野党の修正案が多数の支持を得て成立することもあった．2002–2003年においては，与党は全法案の94%に賛成したのに対して，野党は91%に賛成しており，ほとんど差がない．ベルギーでは，かつては約半数の法案が全会一致で可決していた．1990年代には全会一致は約8分の1にとどまり，3分の1が与党の賛成多数で可決しているが，これはベルギーにおけるいちじるしい政党の断片化 (fragmentation) によるものであり，それによって少なくとも1党が他党のコンセンサスに同調しないことが起こりやすいからである (Andeweg, De Winter, and Müller 2008; Andeweg 2013)．

　スカンジナビア諸国では，少数派内閣が政権を担当することが多い．第2章で述べたとおり，これらの国では内閣が議会過半数により不信任されない限り信任を得ているとされる消極的議会主義をとっているが，政権にとって野党との協力がその存続と重要政策の立法化に不可欠である．その結果，政府と野党が交渉する状況が生じ，野党が政府への支持と引き替えに政治的影響力をもつことになる．

専門家調査の分析結果によると，政府政策に対する野党の影響は，これらの国がイタリアに次いで大きい．スウェーデンでは，政府が野党との間に政権支持の合意を締結し，野党が政府の各省に政治顧問を任命することが近年行われており，入閣していないが実質的な連立に近くなっている．また，議員は法案準備段階の政策形成に重要な役割を果たす政府の調査委員会に加わることが多い．デンマークでは，政府と複数の野党との間に特定政策の立法に関する合意（forlig）がしばしば締結され，総選挙や政権交代があっても継続されている．合意がカバーする政策分野では，政府と合意に参加した政党で政治的責任が共有され，担当大臣は議会の多数の支持を確保できる．少数派政権のもとで成立法案の 20 〜 30% がこうした立法合意の成果である．ノルウェーでは，少数派政権はアドホックに野党の協力を得ており，複数の野党が時々重要法案の賛成に回るのと引き替えに，立法過程における修正の形での譲歩を勝ち得てきている（Christiansen and Damgaard 2008）．

　イタリアでは，議会の議事運営に対する政府の発言権が弱く，議事日程は議長と各会派長で構成される会派長会議での合意（全会一致，1997 年からは 3 分の 2 の多数）によってほとんどすべてが決定されている（Newell 2010）．法案は，政府および個々の議員が提出することができ，委員会に付託されて審議された後，本会議で審議され，採決されるルートもあるが，議院が委員会のみで審議と最終議決まで行うことを委任するルートもあり，この場合には本会議での審議と採決は行わない．ただし，委員会の最終議決までの間に，政府と議員の 10 分の 1 の要求があれば，本会議に上程される（Newell 2010; イタリア憲法 72 条）．委員会のみによる立法は，本会議上程を求めることができる野党側がそうしないことを意味し，与野党協調モードの委員会審議が行われ，コンセンサス重視の法案審議と修正を経る立法過程が存在することを示している．

1990年代以降には委員会のみの立法はいちじるしく減少したが，それでも成立法案の約 20% を占めている（Cotta and Verzichelli 2007）．しかし，これは，立法における与野党協調が委員会から本会議へとシフトしただけであると指摘されている．すなわち，1987年から2001年までの期間において，委員会で全会一致で承認されるか，あるいは本会議で95%以上の賛成で可決される法案は，あわせて80%前後で変化がなく，コンセンサス・モデルの立法過程は継続しているということである（Newell 2010; Capano and Giuliani 2001）．

(3) 日本における与野党の対立と協調

さて，日本における内閣と議会の関係には，マジョリテリアン・モデルとコンセンサス・モデルのどちらの特徴が見られるだろうか．日本の国会に提出される新規法案の3分の2は内閣提出法案（閣法）であり，そのうち約85%が成立する．全成立法案中の閣法の比率は約85%である．また，成立した閣法のうち修正は21%である．これに対して，新規法案の3分の1を占める議員提出法案の成立率は，衆議院議員提出法案（衆法）が34%，参議院議員提出法案（参法）が16%であり，成立法案中に占める比率は衆法が13%，参法が2%である．成立した衆法，参法のうち修正はそれぞれ13%，11%である（川人 2005）．議院内閣制として，立法における政府側のイニシアティブが大きいが，他の国と比較すると議員立法の比重が比較的高いといえよう．国会の議事運営は，本会議については議院運営委員会で決定され，各委員会については理事会で決定される．国会中心主義の制度理念のもと，国会の議事運営は政党各派間の協議にもとづいて決定され，内閣が直接には関与できなくなっているので，コンセンサス・モデルに近いように見える．しかし，内閣を支える政権党が過半数を占めていれば，本会議および委員会

の議事の議決は多数決によって行うことができる．したがって，議事について与野党協議で合意ができなくても，議事を進めることは可能であり，マジョリテリアン・モデルがあてはまる部分が多い．閣法の修正率が低いことも内閣・与党優位の議会運営であることを示している．

　国会は委員会中心主義をとっており，法案は本会議で審議される前に委員会に付託され，国会の重要な活動が委員会で行われる点は，コンセンサス・モデルの議会と共通する特徴である．委員は各会派に所属議員数に比例して割り当て選任するため，委員会の会派構成は，基本的に本会議と同じになる．しかし，採決では所属政党の党議にもとづいて投票する党議拘束が一般的であるため，法案の採決結果は委員会と本会議とでは基本的に同じになる．まれに委員会で法案が否決されたこともあるが，その場合でも本会議で委員会審査報告が行われ，通常は委員会報告の通り決するか否かについて本会議で採決するが，否決の報告の場合には法案の原案について採決することになっており，逆転可決した例がいくつかある（衆議院事務局 2003）．

　閣法の法案審議においては，与党側が多数を占めている限り，大幅で実質的な法案修正はあまり行われないので，コンセンサス・モデル諸国の議会によく見られる与野党協調モードよりマジョリテリアン・モデルの諸国と共通する与野党対立モードが優勢であるといえよう．議員立法の審議においては，内閣が直接関与しないので，閣法の場合よりも与野党の協議がうまく進行することが多く，コンセンサス・モデルの諸国に見られる与野党協調モードにもとづく全会一致や与野党の多くの賛成によって可決されることが多い．特に，委員長提出の法案は委員会において検討された上で提出されているので，委員会審査を省略してただちに本会議にかけられ，通常，全会一致で可決される．

表 3-3 衆議院本会議の採決結果（2001-2012 年）

法案の種類	提出パターン	採決に至らず	少数否決	全会一致	多数可決	計
閣法	内閣	164	—	513	671	1348
衆法	委員長提出	—	—	164	47	211
衆法	与党提出	87	—	2	27	116
衆法	与野党共同提出	9	—	2	10	21
衆法	野党提出	307	49	0	3	359

表 3-3 は，2001 年から 2012 年までの期間における新規提出の閣法と衆法について衆議院本会議の採決結果を見たものであるが，戦後全体と比較して傾向はあまり変わっていない．衆議院で全会一致あるいは多数で可決した法案は，ほとんどが参議院でも可決し成立しており，不成立になったものは 31 件だけである．閣法は与党の賛成によって成立するが，野党も閣法の内容につねに反対するわけではなく，採決された法案の 43% にあたる 513 件については与野党全会派の賛成で可決されている．2007-2009 年および 2010-2012 年は参議院で与党側が過半数に届いていないねじれ国会の時期であるが，野党が反対する法案は与党が衆議院で 3 分の 2 以上の多数で再可決しない限り成立しないため，野党の賛成が不可欠となり，政府が野党側に大きく譲歩して法案修正を行って賛成を取り付けることもあった．こういった場合には全会一致や過半数を大きく超える与野党の賛成によって法案が可決することになるが，これはコンセンサス・モデルに合致するわけではない．というのは，ねじれ国会の期間において，野党側は重要な予算関連法案に対して，つねに反対を押し通しており，与野党協調モードが優勢だったとは考えられないからである．一般的には，過半数の閣法は，与党が賛成し，少なくとも野党の一部が反対する形で可決されており，閣法の審議過程は与野党対立モードである．また，与党は閣法を国会提出前に事前審査しており，各党も提出後，委員会採決以前に法案に関する協

議を党内で行い，賛否の立場を党議決定している．したがって，与党内モードも大きなウェイトを占めており，マジョリテリアン・モデルが適合する．与党提出の衆法も，閣法と同じように野党の賛成を得にくいため，マジョリテリアン・モデルが適合する．

これらに対して，委員長提出の衆法は，委員会レベルにおいて与野党協議が進んで，合意が成立した法案であり，与野党協調モードの審議過程から生み出されたものである．本会議で採決された委員長提出法案の 78% が全会一致で可決されているが，残りも一部の野党が反対したために多数可決となっているだけで，大多数の政党の賛成によっている．与野党共同提出の衆法についても同様であり，全会一致は少ないが，残りの多数可決は大多数の政党の賛成によるものである．

以上をまとめると，日本の内閣と議会の与野党の関係は，マジョリテリアン・モデルが適合する政治過程が大部分を占め，内閣が関与できない議員立法の一部においてコンセンサス・モデルが適合するということである．

第4章　首相・内閣・大臣

　首相は，大臣とともに内閣を組織し，政権を担当する．本章では，第1節で首相・内閣・大臣の関係について，イギリス，日本，その他の議院内閣制諸国の制度を検討する．次いで，第2節で日本における中央省庁等改革後の首相を支える制度・組織について概観し，第3節で首相動静データの実証分析によって，首相の行動や首相と政権中枢におけるアクターたちとの関係の長期的変化を分析する．

1. 首相と内閣

(1) 議院内閣制の類型

　繰り返し述べてきたように，一般に，議院内閣制は合議体の内閣が議会に対して連帯して責任を負う政治システムである．有権者によって選挙された議員で構成される議会が，首相を（事実上）選出し，首相が国務大臣を選出して内閣のメンバーとする．そして，行政権を担当する内閣は，閣議において政策を決定する．

　第1章で説明したように，議院内閣制は委任と責任の連鎖関係を特徴とするが，首相・内閣・大臣の関係は必ずしも一様ではなく，国により異なる．第1章の図1-1における有権者―国会―首相―大臣という単純な委任と責任の連鎖は，首相の閣僚任免権に注目したものであり，閣議においても首相の権限が強く，内閣におけるリーダーシップが確立していることを想定した図式である．首相と大臣

の間に明確な委任―責任の関係があり，首相が本人，大臣が委任を受けた代理人という関係である．

これに対して，合議体の内閣が行政権を行使し，議会に対して連帯して責任を負うという点を強調すると，首相―大臣の委任―責任関係は弱くなる．そして，委任―責任の連鎖の中で，大臣に対する本人は，むしろ首相より合議体の内閣になり，首相は閣議の主宰者であり，同輩中の首席という位置づけに近くなる．合議体としての内閣が本人の立場に立つと，委任―責任関係は，代理人である大臣から構成される内閣が，本人として代理人である大臣に委任し，責任を負わせる関係になる．大臣は，分担管理する所管分野の政策を内閣に提案し，本人として閣議決定に参加し，かつ，代理人として政策決定を執行する責任を負うので，本人が自分自身の代理人という委任の循環が生じる．このとき，各省大臣の所管分野に対する相互尊重あるいは相互不干渉が暗黙のルールとして成り立てば，内閣は，大臣の政策をコントロールするというよりも，むしろ，大臣の提案をそのまま承認するだけになる可能性がある．この状況は，委任―責任の連鎖関係において代理人が自分の利益を優先して本人の利益を損ねるエージェンシー・ロスを引き起こす危険があり，また，大臣自身も内閣から委任されて所管分野の政策を決定・執行するのではなく，むしろ，行政機関である官僚制から委任されて政策を内閣に承認させる逆方向の委任―責任関係が発生するおそれがある．

首相・内閣・大臣の関係において生じるさまざまな問題を理論的に考察する上で，アンディウェグの議論が参考になる（Andeweg 1997, 2000）．アンディウェグは，議院内閣制には2つの公式ルールあるいは規範が存在すると指摘する．すなわち，第1に各大臣が平等な同輩であること（collegiality）であり，第2に全大臣が議会に対して連帯して責任を負うこと（collective responsibility）である．第1のルールは，首相がしばしば同輩中の首席と呼ばれること

表 4-1　内閣の政策決定

	分担管理	連帯責任
不平等な発言権	A	B
平等な発言権	C	D

出典：Andeweg（2000）

からも，規範としては存在することがわかるが，実際の運営においては必ずしも平等ではなく，首相の発言権や重要閣僚の意見はより大きなウェイトを持っている（James 1992）．第2の連帯責任の原則は，政府決定に対して内閣が連帯して議会に責任を負うことであるが，実際には，これは，すべての閣僚が，個人的見解にかかわらず，内閣の最終決定を公式の見解として共有することを意味し，その内部決定過程を口外してはならないこととされている（Cabinet Office 2010, 2011; Australian Government 2012; Cabinet Office 2008）．また，各省大臣の所管分野に属し内閣の連帯責任と関わらない案件は，所管大臣の個別責任である．

　各国における議院内閣制は必ずしもこの2つの規範をそのまま実現しているわけではないので，さまざまな議院内閣制のあり方をこの2つの次元で捉えることができる．

　表4-1の縦の次元は，合議体として政策決定を行う場合，内閣メンバーが閣議決定に対して平等な発言権・影響力を持つか，それとも影響力が不平等で，首相の発言権・影響力がより大きいかどうかである．首相の発言権については，閣議決定が多数決で行われるたいていの国では，首相が可否同数の場合の決定権を持つが，全会一致による決定だと首相も1票しか持たないことになる．閣僚任免権は，たいてい首相の権限かあるいは首相の提案にもとづいて元首が行使するが，オランダのように閣僚の罷免については閣議決定が必要な国もある．首相が行政組織編成権を持ち，閣僚の役割分担を自由に変えることができる国は，イギリス，デンマーク，ドイツなど

であるが，オーストリア，日本などでは各省大臣と各省の所管は法律で定められている．一般に閣議の議題整理は首相の責任で行われ，イギリスでは閣議の議題決定権が首相にあるため，大臣の閣議への発議について首相の同意が必要であるが，首相が大臣の発議を拒否できない国もある．オランダでは閣議案件が規則で定められていて，首相も大臣も裁量の余地があまりない．日本では，各大臣が閣議請議権を持ち，内閣の重要政策に関する基本的な方針についての首相の発議権が 2001 年からようやく認められた点で，首相の議題決定権は比較的弱い．フランスやドイツの首相は，閣僚に対する指揮権限が憲法で認められており，日本の首相も行政各部の指揮監督権があるが，実際の権限行使は多様である．

　表 4-1 の横の次元は，すべての行政権の行使について内閣のメンバー全員が連帯責任を負うか，それとも，行政権がすべて分担管理されて個々の主任の大臣に任されているかどうかである．日本では，大臣は，憲法においてはすべて国務大臣となっているが，内閣法では，行政事務を分担管理する（各省の）主任の大臣と行政事務を分担管理しない大臣（通称無任所大臣）とがいる（3 条 1 項および 2 項）．国務大臣とは，内閣の一員として政府の政策決定について連帯して議会に責任を負う大臣という意味である．その上で，行政事務を分担管理する（各省の）主任の大臣として行政機関の長となる．しかし，分担管理の方がより強調されると，主任の大臣以外の権限と責任が弱くなる．前述したように，各省大臣の所管分野に属し内閣の連帯責任と関わらない案件は，所管大臣の個別責任であるが，各国では所管が一部重複する大臣や複数の大臣を任命して個別責任としない方法や，内閣委員会を活用することによって連帯責任を負わせる方法などが用いられている．

　この 2 つの次元で 4 つの類型ができる．議院内閣制の原則による理念型は，内閣の閣僚がすべて同じ発言権を持ち，合議体として決

定に連帯して責任を持つ D であるが，現実の政治システムには存在しない．B は，分担管理する各省大臣よりも無任所大臣や特命担当大臣が多い内閣，あるいは，頻繁に閣議が行われて広範な政策問題について審議決定する内閣であるが，その例として，スウェーデンがあげられる．スウェーデンの首相は強力であり，首相は，毎日，すべての提案を閣僚たちと協議する昼食を兼ねた会議や臨時会議で影響力を行使する．大臣は内閣のメンバーとして，全体として行政官僚制に対する本人の立場にあり，内閣から委任された行政の分担管理の権限はない．担当政策分野ごとに大臣がいるが，大臣は 100 人〜数百人程度の職員からなる省を指揮して政府決定の準備にあたり，すべての政府決定は木曜朝の定例閣議で行われ，個々の大臣の個別責任による決定はほとんどない．内閣が合議体として決定した政策の執行は，約 330 ある実施庁（government agencies）によって行われる．内閣は，実施庁の運営について政令を制定し，予算を決定し，長官を任命することができるが，担当政策分野の大臣は実施庁に対して指揮監督権を持たず，実施庁の決定に介入する権限はない[1]．

C のタイプは，君主によって担当分野を委任された大臣たちからなる 17 世紀末以降のイギリスの内閣や戦前の日本の明治憲法体制下の内閣が比較的近いということができる．戦前の日本では，国務大臣単独輔弼制によって，首相は，各省の方針を調整すべく協議するだけで強力な指導力を行使できず，軍部大臣が反対したり辞任したりして内閣が倒れたり，また，新しい大臣を得ることができないために，組閣に失敗したりした．この C のタイプが，前述したエージェンシー・ロスをもっとも引き起こしやすい．

現在のほとんどの議院内閣制の政治システムでは，2 つの次元の

---

[1] スウェーデン政府 HP, http://www.government.se/sb/d/575/a/127133 （2014 年 9 月 11 日アクセス）. Government Offices of Sweden (2013a, 2013b).

一方の極に位置するものはほとんどなく，中間に位置している．たとえば，イギリスは，首相の権限が大きいのでAとBの中間に位置する．日本は，分担管理が強調されているのでAとCの中間に位置する．ただ，2001年の中央省庁等改革後は，内閣官房の拡充と内閣府の設置によって，内閣の担当大臣が増え，内閣府特命担当大臣が置かれるようになったことは，内閣補助事務を強化して首相の権限を強化し，各省の分担管理を少し弱めたことになるだろう．ドイツについては，ドイツ基本法65条は，「連邦宰相は，政治の基本方針を決定し，これについて責任を負う．この基本方針の範囲内において，各連邦大臣は，独立してかつ自らの責任において，所管の事務を指揮する．連邦大臣間の意見の相違については，連邦政府が決定する．連邦宰相は，連邦政府によって決定されかつ連邦大統領によって認可された事務処理規則に従って，事務を指揮する」と規定している．この条文の中に，宰相が政治の基本方針を決定する宰相原則，所管大臣の原則，および，宰相と大臣で組織される連邦政府における（多数決）決定原則が規定されている (Heun 2011)．実際の運営においては，宰相原則が所管大臣原則に優越する首相が比較的強力な類型に入るようであり，比較的イギリスに近いAとBの中間に位置する．

(2) 首相の権限

議院内閣制の各国における首相の地位は，一般に「同輩中の首席」(a first *among equals*) よりも強力である．サルトリによれば，イギリスの首相は政府の長および多数党のリーダーとして，議会から退陣を迫られることはまずなく，大臣を自由に任免する「非同輩者たちの上に立つ首相」(a first *above unequals*) であり，連立政権が通常であるドイツでは，必ずしも党首に限られない宰相は建設的不信任制度によってその地位が守られており，閣僚が交代し

てもその地位にとどまる「非同輩者たちの中の首席」(a first among unequals) である (Sartori 1997).

　首相の影響力は，政権を構成する基盤となる政党のあり方および首相の制度的権限によって決まる．2大政党システムのイギリスでは，首相は多数党の党首として議会から信任されており，政権党が政党規律によって内閣を支持するため，首相の影響力は強大となる．政党の連合による政権形成が通常の国々では，主要政党の党首間の交渉によって政権の枠組みが決定されるため，首相の影響力は連立パートナーによって制約される．ただし，政党が2大政党ブロックにまとまっており，その間で政権交代が生じる慣行が確立していれば，首相の影響力は比較的安定するが，連立からの離脱が生じる可能性が高い場合には首相の影響力は不安定となる．少数派内閣の首相は，議会で政権を支持してくれる閣外協力政党に配慮する必要があるために，影響力が制約される (Bergman et al. 2003).

　首相が閣僚に対してもつ制度的権限について，見てみよう．第1に，首相は閣僚を任命したり罷免したりする公式の権限をもつか，あるいは首相の提案にもとづいて元首が任免権を行使する．閣僚任免権は，首相と閣僚の間の委任―責任関係を明確にする強大な権限である．しかし，連立政権の場合には，首相は自分の党からの入閣については自由に任命できるが，連立パートナーからの入閣については，各党党首が事実上選任した大臣を任命するのが慣例となっている．日本でも，連立パートナーからの入閣については各党からの推薦によっている．また，強力な派閥組織をもつ1990年代以前の自民党政権期においては，首相は派閥からの推薦候補を受け入れて閣僚に任命した．

　第2に，いくつかの国では，首相は任命する大臣の所管分野を決定する権限を持っている．大臣の所管分野の変更にともなって行政組織も再編される．イギリスでは，首相のイニシアティブで枢密院

令によって省がしばしば再編される．ドイツでも，連邦宰相が行政組織編成権を持っており，連邦宰相組織令によって省が再編される（吉本 2011）．このほかにも，デンマーク，フランス，ギリシャ，アイスランド，アイルランド，ポルトガル，スペインなどでは，首相は大臣の所管分野を変更することによって政策領域と行政組織を首相のめざす形に変えることができる（Bergman et al. 2003）．これに対して，オーストリアおよび日本では，各省の行政組織編成権は議会にあり，法律によって規定されている．

第3に，いくつかの国では，首相は大臣に対する指揮監督権を持つ．ドイツ連邦宰相の政治の基本方針決定権（ドイツ基本法 65 条）やフランス首相の政府活動指揮権（フランス憲法 21 条）などは憲法で規定されているが，指揮監督権がない国もある（オランダ，ノルウェーなど）．日本では，憲法レベルでは首相の行政各部の指揮監督権が規定されているが（72条），内閣法では首相は閣議にかけて決定した方針にもとづいて行政各部を指揮監督するとされている（6条）．

第4に，いくつかの国では，首相は閣議の議題設定権を持つ．それによって，首相は，閣内で対立しそうな案件を議題から排除したり，審議のタイミングをコントロールしたりすることができる．また，閣議決定ルールとして全会一致か多数決のいずれかが規定されている場合と特に規定されていない場合があるが，実際には，全会一致が慣例となっている場合が多い．そうした場合，首相が内閣のコンセンサスをまとめた内容が閣議決定されるため，大きな影響力を行使している（Bergman et al. 2003）．

第5に，首相は，他の大臣とは異なり，政府のすべての機関に関する情報にアクセスすることができる点で，はるかに優位な立場にある．これによって，首相は，行政を分担管理する任務を与えられた各大臣の関係を調整し，政府の政策の優先順位を決定する上で大

きな影響力を行使することができる（Gallagher, Laver, and Mair 2011）．

(3) イギリスの首相と内閣

次に，イギリスにおける首相・内閣・大臣の関係について見ていこう．イギリスには成文憲法がないため，首相の任務や権限についての公式の規定はない．1997年から2007年まで首相を務めたトニー・ブレアは，「女王陛下の政府の長，女王の首席顧問，そして，内閣の主宰者という首相の役割は，法律で規定されたものではなく，女王大権の下の権限行使を含めて，長年にわたる慣習と慣例の積み重ねで進展してきたものである」と述べている[2]．また，イギリス政府のホームページには，首相の役割についての簡単な説明がある．「首相は，連合王国政府の長である．彼は，すべての政策と決定に最終的責任を負う．彼は，公務員と政府機関の事務を監督し，政府のメンバーを任命し，庶民院において政府を代表する．」[3] 各省を担当する大臣には明確な行政事務があるのに対して，首相には特定の職務はあまりない．しかし，「首相にはすべき職務はないが，すべての職務をしなければならない」[4] と言われるように，首相は政府の重要事項についてイニシアティブを取り，すべての政府活動に最終的責任を負う．

首相が行使する権限は，首相の法的権限であるものはあまりなく，国王大権にもとづくものが多い．キャメロン政権のもとで公表された内閣執務提要（*Cabinet Manual*, Cabinet Office 2011）には，首相の

---

2) *Hansard*, col. 818W, 15 October 2001. See also Heffernan (2005).
3) https://www.gov.uk/government/how-government-works（2014年9月16日アクセス）.
4) ウィリアム・グラッドストーン首相の首席秘書官を務めたアルジャーノン・ウェストの言葉．Blick and Jones（2010）に引用．

役割が簡潔にまとめられている．以下の（ ）内は，執務提要の条項番号である．第1に，首相は，国王との謁見において首相に任命され，伝統により第1大蔵卿となる (3.2)．第2に，首相には法的権限はあまりないが，国の重要問題について主導する．首相は，国王に大臣の任命を推薦し，閣議に出席する閣内大臣および内閣委員会のメンバーを決定するなどの特権を持つ．首相は，行政権の全般的組織および省を担当する大臣の所管の配分に責任を持つ (3.3)．第3に，首相は，政府における大臣の任免などの国王大権，および，固定任期議会法にもとづく総選挙布告などの法律にもとづく大権の行使に関して，国王に助言する役割を持つ (3.4)．第4に，首相は，国王との定例謁見において，国政全般について報告する．首相は，国王に英国国教会の高位者，上級裁判所判事，幹部公務員の任命を推薦し，また，公的委員会，公共団体，王立委員会などの任命を推薦する (3.5)．第5に，首相は，公務員担当大臣を兼職し，公務員管理の全般的責任を負う．首相は，国家安全保障および秘密諜報，治安全般について責任を負う (3.6)．

　これらの役割と権限に加え，庶民院の多数党のリーダーである首相は，同輩中の首席よりはるかに強力な影響力を持つ．

　イギリスには，首相の役割と影響力を説明する2つの有力なモデルがある．1つは首相統治 (prime ministerial government) モデルであり，もう1つは内閣統治 (cabinet government) モデルである．両者のもっとも大きな違いは，イギリス政府の実質が個人か合議体かという点である．首相統治モデルは，内閣が決定機関としての役割を失ってしまったと主張する．このモデルは，オックスフォード大学の政治学者であり，労働党国会議員でハロルド・ウィルソン内閣の閣僚も務めたことのあるクロスマンが1963年に提唱した (Crossman 1963)．首相統治のもとでは，重要でない決定は通常，所管省や内閣委員会で行われ，内閣は，所管事務で忙しい大臣たち

が，自らの活動について，忙殺されているためせいぜい抗議しかしない同僚たちから公式の承認を求めるための場となっている．各大臣は合議体としての内閣の代理人ではなく，首相の代理人であり，閣議の議論においては，首相が内閣全体の意見を決定する．しかも，大臣は首相に事前に相談せずに，閣議に提案することはできない．内閣の連帯責任は，合議体としての全会一致の決定ではなく，首相の決定に対する内閣全体の服従を意味する．首相は，大臣たちを指揮し，調整し，擁護する存在であり，首相は単独で決定を下したり，閣僚と相談して決定したりし，他の案件については，行政機関の長，内閣，内閣委員会，官僚制などに決定を委ねたりする．

これに対して，内閣統治モデルは，首相の権力が条件付きであり，状況に依存すると主張する．政府活動は，首相だけでなく，平等な権限を持つ大臣や各省幹部職員などが共同して関わる活動である．政府決定において内閣が優位であり大臣が権限を持っているということの意味は，閣僚から支持されている首相がきわめて強い立場にあるということであるが，それは，閣僚たちが容認する限りにおいてである（Heffernan 2005）．要するに，内閣統治モデルでは，首相にも閣僚にも権力があるが，そのバランスは変化するということが示唆されている．

さて，首相統治か内閣統治かという論争に対して，コア・エグゼキュティブ・モデル（core executive model）という新しいモデルが 1990 年代に提唱された（Dunleavy and Rhodes 1990）．このモデルは，大きな権力を持つのは首相か内閣かという従来の視点とは対照的に，政府の主要なアクターや制度はそれぞれ権力や権限のもととなるリソースを持ち，どのアクターも単独ではめざす目的を達成できず，他のアクターの協力が必要であると捉える（阪野 2006；伊藤 2008）．政府活動は，首相の指揮命令によるというよりもアクター間の連携協力の構築によって行われる．ローズによると，コア・エ

グゼキュティブとは，中央政府の諸政策を調整し，政府機構の異なる部門間の対立の最終的調停者として行動するすべての組織および手続をさす (Rhodes 1995)[5]．

政府中枢あるいは政権中枢を意味するコア・エグゼキュティブには，首相，内閣，内閣委員会およびそれに対応する公務員，内閣府，財務省，外務省，法務長官，治安・諜報部門が含まれ，これらの間の複雑なネットワーク，慣行によって構成される．このモデルが提起されたことの意味は，内閣統治モデルが，もはや，政府の実効的な調整メカニズムを正確に記述しておらず，適切でなく，むしろ，混乱を招くということである．イギリスについて，現代の政府中枢の組織・メカニズムの中で内閣の優位を主張することは，よくいえば議論の余地があり，悪くすればひどくミスリーディングである (Dunleavy and Rhodes 1990)．

コア・エグゼキュティブ論においては，政治アクター間の相互依存関係に焦点が当てられるが，サッチャーやブレアが登場すると，首相の優位が歴然として，大統領化 (presidentialization) が論じられるようになった (Poguntke and Webb 2005)．これは現代版の首相統治モデルであり，政治制度上の変化ではなく，政府活動や選挙における首相の個人的影響力の増大に注目したものである．首相権力の突出によって，合議体としての内閣が変化したと捉えられている (Heffernan 2005)．

ヘファナンによると，イギリスにおいて，1945年以前には政府内の政治は内閣優位を中心に構造化されていたが，それ以降の時期の特徴は，閣議の重要性の低下と内閣委員会の活用であった．しかし，サッチャー政権が登場した後の1980年以降には，閣議の重要

---

[5] この研究を発展させたスミスは，大臣が長を務め，政策作成を担う各省もコア・エグゼキュティブの中に含めているが，高安は必ずしも妥当とはいえないとしている (Smith 1999; 高安 2009)．

性の決定的低下と内閣委員会の縮小が現れてきた．サッチャー政権期における閣議は，実質的には，定例的な議論を行うため，および，時々はどこか別のところで行われた決定を追認するためのものになり，閣僚にとって最も重要性の低いものになった．閣議はもはや政府の政策決定機関ではなく，内閣委員会も衰退し，コア・エグゼキュティブの諸機関やアクターによるネットワークと調整やアドホックの非公式の閣僚会合による決定がそれに取って代わった．ブレア首相になると，大臣と幹部公務員をつなぐ公式非公式のネットワークの中心の首相の存在が強まり，強化された官邸と内閣府が事実上の首相府となった．政府の政策決定は，政策分野ごとに首相と関係大臣および幹部官僚との間での調整を通じて行われ，内閣は，以前に比べて合議体としての特性が弱くなり，閣僚が自分の所管政策以外の問題の決定に参画することは，いっそう少なくなっている．たとえば，2003年の対イラク攻撃へのイギリス参戦決定までの情報は閣議に報告されてはいたが，対イラク政策は閣議でも内閣委員会でも決定されたことはなく，首相が招集する数多くの非公式の閣僚会合で決定された（Heffernan 2005）[6]．これは，一方では首相への集権化であるとともに，内閣閣僚以外のアクターや機関が参加してくるという意味で分散化である．

(4) 日本の首相と内閣

日本国憲法は，65条で「行政権は，内閣に属する」と規定し，内閣は，「その首長たる内閣総理大臣及びその他の国務大臣でこれを組織」し（66条1項），「行政権の行使について，国会に対し連帯

---

[6] Blick and Jones（2010）のデータにもとづいて，閣僚全員が出席する閣議の年平均開会回数を計算すると，1950–1960年代には77回であったが，1970年代には49回と減少し，1980–2008年には39回に落ち着いている．これは週1回をはるかに下回っている．

して責任を負う」(66条3項) と規定している. したがって, 首相は首長としてその他の国務大臣と内閣を構成し, 閣議で全会一致によって政策決定を行うことになっている.

また, 首相は, 国務大臣の任免権を持つ. 憲法68条1項は「内閣総理大臣は, 国務大臣を任命する. 但し, その過半数は, 国会議員の中から選ばれなければならない」と規定し, 同条2項は「内閣総理大臣は, 任意に国務大臣を罷免することができる」と規定している.

日本における首相と内閣の権限について見ていくが, その前に, 行政権に関する内閣と各省大臣の権限について見ておく必要がある. 内閣の権限について, 憲法73条は次のように規定している.

内閣は, 他の一般行政事務の外, 左の事務を行う.
1 法律を誠実に執行し, 国務を総理すること.
2 外交関係を処理すること.
3 条約を締結すること. 但し, 事前に, 時宜によっては事後に, 国会の承認を経ることを必要とする.
4 法律の定める基準に従い, 官吏に関する事務を掌理すること.
5 予算を作成して国会に提出すること.
6 この憲法及び法律の規定を実施するために, 政令を制定すること. 但し, 政令には, 特にその法律の委任がある場合を除いては, 罰則を設けることができない.
7 大赦, 特赦, 減刑, 刑の執行の免除及び復権を決定すること.

内閣の権限およびその変化について考察する上で, 藤田 (2005) の議論が参考になる. 藤田によると, 内閣の権限に関する行政法学における解釈は, ①内閣は, 本来行政権の全般にわたり自ら執行する権限を有するとする説 (広義説), および, ②内閣が自ら行使し

うる行政権限には一定の限界があって，それ以外の行政権の行使は，各省（大臣）の分担管理に委ねられるとする説（狭義説）に分かれる．そして，従来からの通説は後者であり，これがわが国の行政実務を支えてきた考え方である．この立場では，憲法74条の「法律及び政令には，すべて主任の国務大臣が署名し，内閣総理大臣が連署することを必要とする」という規定を根拠として，内閣法3条1項の「各大臣は，別に法律の定めるところにより，主任の大臣として，行政事務を分担管理する」という規定が，内閣の権限そのものを限定する意味があると解釈され，内閣の権限を列挙した憲法73条の1〜7号を除く行政権の行使は各省大臣が分担管理することになり，内閣は，それを統轄する権限のみを有するとされる．これに対して，前者の説は，内閣は，本来行政権の行使の権限を持ち，それを各省大臣にどの範囲までどのような形で行使させるかは立法政策の問題であるとする．分担管理原則は，憲法レベルでは74条に「主任の国務大臣」とあるだけで明示されていない．むしろ，73条本文では，内閣は「他の一般行政事務」を行うと明示されていることから，一般行政事務は内閣の本来の権限であり，分担管理原則は，法律のレベルで内閣法3条が初めて定めたものであるに過ぎないということになる．さらに3条の規定も，内閣の一員としての国務大臣が，行政事務を分担管理することを定めただけであって，ある行政分野についてはそれを担当する主任の大臣が必要であると，いっているだけである．この段階では，まだ，各省の存在は明らかにされておらず，各省を設置し，その長に国務大臣をあてることは，国家行政組織法において初めて定められていることである．この前者の説は，憲法上，内閣が持つ行政権を内閣法と国家行政組織法によって大臣―官僚制に委任するという捉え方であるが，後者は，内閣が分担管理される行政事務を統轄する権限だけ持つということだから，行政権が各省大臣，行政官僚制に移譲されてしまい，内閣は行

政権を放棄しているという捉え方になる．

ところで，橋本内閣から始まった政治主導の行政改革（1996–1998）には，前者の行政権の委任という考え方が強く表れている（藤田 2005）[7]．というのは，新たに制定された内閣府設置法（1999）では，「内閣に，内閣府を置く」（2条）として，内閣府は内閣に置かれる機関として，「内閣の統括の下」に置かれる各省より組織上「上位」に位置づけられている[8]．そして，内閣府は，「内閣の重要政策に関する内閣の事務を助けることを任務とする」（3条1項）とともに，「内閣総理大臣が政府全体の見地から管理することがふさわしい行政事務の円滑な遂行を図ることを任務とする」（3条2項）．前者は内閣補助事務，後者は首相が主任の大臣となる分担管理事務であり，それは，内閣府が，首相を長とする機関（6条1項）として，一般行政事務を分担管理する機関でもあるということである．この2つの異なる性格の任務を，法律で，内閣府に割り振っているということであるので，前者の行政権を委任するという立場である．また，内閣府以外の国の行政機関について定める国家行政組織法の改正（1999）において，1948年制定の旧2条1項で「明確な範囲の所掌事務と<u>権限</u>を有する行政機関」と規定されていた部分が，「<u>任務</u>及びこれを達成するため必要となる明確な範囲の所掌事務を有する行政機関」に改正された[9]．従来，「権限」とされていた分

---

7) 藤田自身も，橋本内閣の行政改革会議のメンバーとして参加した．
8) 国家行政組織法2条1項は，「国家行政組織は，内閣の統轄の下に，内閣府の組織とともに，任務及びこれを達成するため必要となる明確な範囲の所掌事務を有する行政機関の全体によって，系統的に構成されなければならない」と規定し，3条3項は「省は，内閣の統轄の下に行政事務をつかさどる機関として置かれるものとし，委員会及び庁は，省に，その外局として置かれるものとする」と規定している．
9) 国家行政組織法2条1項の旧規定は「国家行政組織は，内閣の統轄の下に，明確な範囲の所掌事務と権限を有する行政機関の全体によって，系統的に構

1. 首相と内閣

担管理する行政事務を「任務」にし，任務を基軸とした組織構成原理とした．そして，この規定を受けて制定される各省等設置法には権限規定が置かれていない．したがって，行政権は本来内閣が持ち，それを任務として各省大臣と行政機関の官僚制に委任していることになる．

次に，日本における首相と内閣の権限について見ていこう．まず，憲法66条1項で規定されているように，首相は内閣の首長であり，68条で規定されているように，国務大臣の任免権を持つ．また，72条は，「内閣総理大臣は，内閣を代表して議案を国会に提出し，一般国務及び外交関係について国会に報告し，並びに行政各部を指揮監督する」と規定しているので，首相は各省大臣に対する指揮監督権を持っている．

しかし，内閣法においては，4条1項が「内閣がその職権を行うのは，閣議によるものとする」と規定し，6条が「内閣総理大臣は，閣議にかけて決定した方針に基いて，行政各部を指揮監督する」と規定しているので，首相の指揮監督権は閣議によって制限されている．そうすると，特定分野の政策について，行政権を分担管理する大臣に対して，首相が指示を出して，政策決定を行わせたり，決定を変更させたりすることができるかどうか，という問題がありうる．従来は，緊急時については個別案件について閣議にかけなくても柔軟に一定の指示を行うことは可能だとされていた．

この点に関連して，橋本内閣の行政改革では，首相の権限強化，内閣機能の強化，分担管理原則の行き過ぎの是正が図られた．その結果，内閣法改正（1999）では，2条1項が「内閣は，<u>国会の指名に基づいて任命された</u>首長たる内閣総理大臣及び<u>内閣総理大臣により任命された</u>国務大臣をもって，これを組織する」と改正され，4

成されなければならない」であったが，1999年改正で注8のように改められ，権限規定が削除された．

条2項が「閣議は，内閣総理大臣がこれを主宰する．この場合において，内閣総理大臣は，内閣の重要政策に関する基本的な方針その他の案件を発議することができる」と改正され，下線部の字句が新たに加えられた．これらによって，内閣の首長としての首相の地位が強調され，首相が閣議で内閣の重要政策に関する基本的な方針に関する議案を発議できることが明示され，内閣における首相のリーダーシップの強化が図られた．

以上の通り，日本のシステムは，従来，分担管理原則によって，各省の自律性の強い行政が行われてきたが，行政改革によって，法制度上は，首相の権限の強い議院内閣制の方向へと改革されてきている．表4-1では，AとCの中間の位置からAに近く，また，AとBの中間の位置寄りに移動してきたということである．

2. 官邸・内閣官房・内閣府と閣僚[10]

(1) 内閣機能強化と内閣官房・官邸

橋本内閣の下で1996年に設置された行政改革会議の最終報告にもとづいて，中央省庁等改革とともに，総理大臣の権限が強化され，総理大臣を支える内閣機能が強化された．その主な内容は，①首相の発議権の明記，②内閣官房の機能強化，③首相の補佐体制の整備，④内閣官房組織の整備，⑤内閣の担当大臣の活用，⑥内閣府と内閣府特命担当大臣の設置，などである（田中2007；五十嵐2013；城山2006；高橋2010；古川2005；信田2004）．ここでは，その後の改革も含めて，現在の首相と内閣を支える官邸・内閣官房・内閣府の体制について簡単に説明する．

---

10) この節の記述の一部は，政府職員あるいは元職員の方々からの聞き取り調査にもとづいている．

まず，上述したように，首相のリーダーシップを強化するために，首相が閣議に内閣の重要政策に関する基本的な方針等を発議できることが明記された．内閣法4条2項に後段が新しく追加され，「閣議は，内閣総理大臣がこれを主宰する．この場合において，内閣総理大臣は，内閣の重要政策に関する基本的な方針その他の案件を発議することができる」となった．

　首相と内閣を支えるのは内閣官房の役割である．内閣官房は内閣補助事務のみを任務としており，各省のような分担管理事務はない．従来，内閣官房が行う事務は旧内閣法12条2項で次のように規定されていた．

　内閣官房は，閣議事項の整理その他内閣の庶務，閣議に係る重要事項に関する総合調整その他行政各部の施策に関するその統一保持上必要な総合調整及び内閣の重要政策に関する情報の収集調査に関する事務を掌る．

　この規定が，4条2項に明記された首相の発議権のもとで大幅に改正され，内閣官房はこれまでの総合調整機能に加えて，新たに企画・立案機能を持ち，首相が発議する「内閣の重要政策に関する基本的な方針」等に関する企画・立案を担当することになった．

改正内閣法12条2項
内閣官房は，次に掲げる事務をつかさどる．
1　閣議事項の整理その他内閣の庶務
2　内閣の重要政策に関する基本的な方針に関する企画及び立案並びに総合調整に関する事務
3　閣議に係る重要事項に関する企画及び立案並びに総合調整に関する事務

4 行政各部の施策の統一を図るために必要となる企画及び立案並びに総合調整に関する事務
5 前3号に掲げるもののほか,行政各部の施策に関するその統一保持上必要な企画及び立案並びに総合調整に関する事務
6 内閣の重要政策に関する情報の収集調査に関する事務

　新旧規定を見比べると,従来の内閣官房の事務は,閣議事項の整理その他内閣の庶務および政策の総合調整,情報の収集調査であった.政策の総合調整とは,各省庁が分担管理する行政事務の政策をめぐる紛争対立を,各省を超える内閣のレベルで総合的視野に立って調整することである.2001年以前は内閣官房および総理府とその外局である環境庁,経済企画庁,総務庁などが政策の総合調整機能を担当していたが,それぞれの規模も権限・予算も小さく,各省間の調整機能には限界があった.2001年施行の改正により,内閣官房の事務は企画・立案・総合調整機能へと強化され,その対象も3号の閣議にかかる重要事項,5号の行政各部の施策に関するその統一保持上必要な事務といった従来の事務に加えて,新たに2号の内閣の重要政策に関する基本的な方針,4号の行政各部の施策の統一を図るために必要な事務に拡大した.5号は従来からある各府省から内閣官房に持ち込まれる案件の受動的総合調整機能であるのに対して,4号は新設された能動的総合調整機能である(宇賀2010).内閣官房が担う企画・立案・総合調整は,その時々の重要政策について,内閣としての最高・最終の企画・立案・総合調整を行うものとなっている.

　内閣官房の機能強化とあわせて,組織の整備も進行した.図4-1は,2015年1月の時点での内閣官房の組織図である[11].内閣官房

---

11) http://www.cas.go.jp/jp/gaiyou/sosiki/index.html (2015年1月15日アクセス).

2. 官邸・内閣官房・内閣府と閣僚　159

図 4-1　内閣官房組織図（2015 年 1 月）

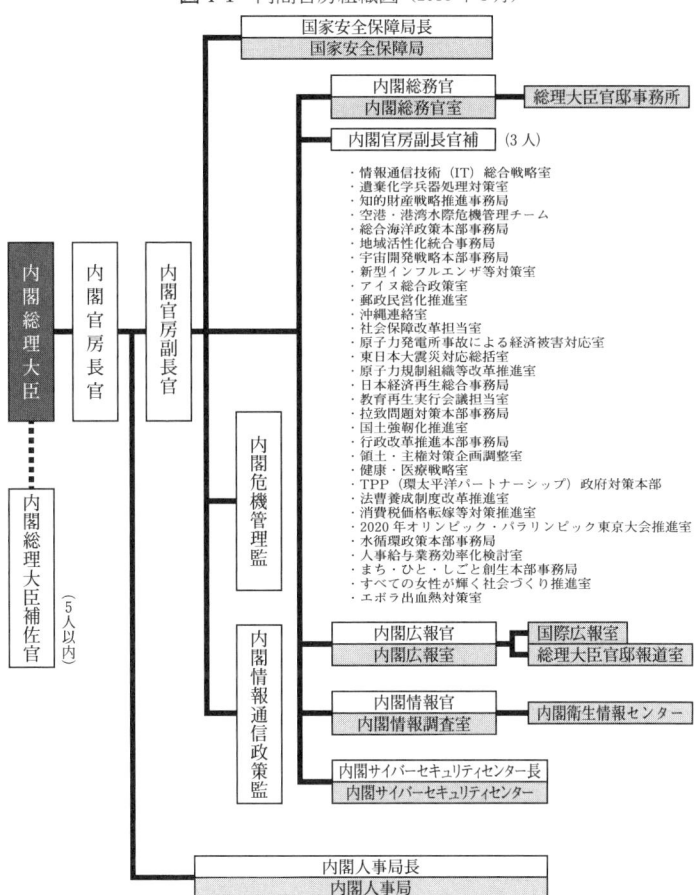

```
                                    ┌──────────────────────────┐
                                    │      国家安全保障局長      │
                                    │       国家安全保障局        │
                                    └──────────────────────────┘
                                    ┌──────────────┐    ┌──────────────────┐
                                    │   内閣総務官   │────│ 総理大臣官邸事務所 │
                                    │  内閣総務官室  │    └──────────────────┘
                                    └──────────────┘
                                    ┌──────────────────────┐
                                    │ 内閣官房副長官補（3人）│
                                    └──────────────────────┘
                                    ・情報通信技術（IT）総合戦略室
                                    ・遺棄化学兵器処理対策室
                                    ・知的財産戦略推進事務局
                                    ・空港・港湾水際危機管理チーム
                                    ・総合海洋政策本部事務局
                                    ・地域活性化統合事務局
                                    ・宇宙開発戦略本部事務局
                                    ・新型インフルエンザ等対策室
                                    ・アイヌ総合政策室
                                    ・郵政民営化推進室
                                    ・沖縄連絡室
                                    ・社会保障改革担当室
                                    ・原子力発電所事故による経済被害対応室
                                    ・東日本大震災対応総括室
                                    ・原子力規制組織等改革推進室
                                    ・日本経済再生総合事務局
                                    ・教育再生実行会議担当室
                                    ・拉致問題対策本部事務局
                                    ・国土強靱化推進室
                                    ・行政改革推進本部事務局
                                    ・領土・主権対策企画調整室
                                    ・健康・医療戦略室
                                    ・TPP（環太平洋パートナーシップ）政府対策本部
                                    ・法曹養成制度改革推進室
                                    ・消費税価格転嫁等対策推進室
                                    ・2020年オリンピック・パラリンピック東京大会推進室
                                    ・水循環政策本部事務局
                                    ・人事給与業務効率化検討室
                                    ・まち・ひと・しごと創生本部事務局
                                    ・すべての女性が輝く社会づくり推進室
                                    ・エボラ出血熱対策室
                                    ┌──────────────┐    ┌──────────────────┐
                                    │   内閣広報官   │────│    国際広報室     │
                                    │   内閣広報室   │    │  総理大臣官邸報道室 │
                                    └──────────────┘    └──────────────────┘
                                    ┌──────────────┐    ┌──────────────────┐
                                    │   内閣情報官   │────│ 内閣衛星情報センター │
                                    │  内閣情報調査室 │    └──────────────────┘
                                    └──────────────┘
                                    ┌────────────────────────┐
                                    │ 内閣サイバーセキュリティセンター長 │
                                    │  内閣サイバーセキュリティセンター  │
                                    └────────────────────────┘
                                    ┌──────────────┐
                                    │   内閣人事局長  │
                                    │   内閣人事局   │
                                    └──────────────┘
```

内閣総理大臣 ― 内閣官房長官 ― 内閣官房副長官 ― 内閣危機管理監 ― 内閣情報通信政策監

内閣総理大臣補佐官（5人以内）

の主任の大臣は首相であるが，内閣官房長官が事務を統括する（内閣法13条3項）．その下に内閣官房副長官（14条）がいて，従来は事務担当，政務担当各1名だったが，1998年から政務担当が2名となった．事務担当は事務次官経験者，政務担当は衆参各院の議員が任命されている．内閣官房の事務を担当するポストは，内閣法の旧12条2項ができた1957年に閣議事項の整理と庶務を担当する内閣参事官室，総合調整を担当する内閣審議室，情報の収集調査を担当する内閣調査室が置かれたが，1986年には内閣審議室が内閣内政審議室，内閣外政審議室，内閣安全保障室の3室に，内閣調査室が内閣情報調査室に，1973年に設置された内閣広報室が内閣広報官室に改組されて，5室体制となった．その後，1998年に内閣危機管理監（15条）が新設されて安全保障室が安全保障・危機管理室に改組された．

そして，2001年より内閣総務官（旧首席内閣参事官），内閣官房副長官補3名（18条，旧内閣内政審議室，旧内閣外政審議室，旧内閣安全保障・危機管理室の長），内閣広報官（19条），内閣情報官（20条）が新設されて，ほぼ現在の体制ができあがった．内閣法12条2項の事務については，総務官が1号を担当し，官房副長官補が2〜6号の政策の企画・立案・総合調整，広報官が2〜5号の広報関係の企画・立案・総合調整，情報官が6号の情報の収集調査，危機管理監が1〜6号の危機管理に関するものを担当する．

さらに，2013年6月に，1〜6号の情報通信技術に関するものを担当する内閣情報通信政策監（16条），2014年1月に，2〜5号の国家安全保障を担当する国家安全保障局（17条）が新設された．2014年には，国家公務員制度全般および人事行政の企画・立案・調整に関する事務が12条2項7〜14号として追加され，それを担当する内閣人事局（21条）が同年5月に新設された．2015年1月にはサイバーセキュリティ基本法（2014）にもとづき内閣サイバーセキュ

リティセンターが設置された．

　図4-1には，このほかに首相直属の内閣総理大臣補佐官が書かれている．1993年の細川内閣において，法的な根拠のないポストとして首相特別補佐が置かれたのが起源であるが，1996年の内閣法改正により内閣官房に3人以内を置くことができるようになり，内閣の重要政策に関して進言したり，意見を具申したりする．2001年からは，5人以内を置くことができるようになったが，小泉内閣では2名のままであった．2006年の安倍内閣以降は4名から5名が任用され，国会議員が大半を占めている．

　また，内閣官房には総理大臣および各省大臣以外の大臣の秘書官が置かれている．首相秘書官の定数は1957年以来3名と法定されていたが，2001年からは政令事項として5人とし，ただし，当分の間の措置として7人に引き上げた．首相秘書官は，特別職であるが，政務担当の1人は首相の議員秘書が任命されることが多く，残りは各省から1名ずつが任命されることにより，首相の補佐体制が整備された．

　これらの改革によって，いわゆる内閣主導，官邸主導の体制ができた．首相が日常的に執務するオフィスは首相官邸であるが，官邸は，それとともに，首相およびその側近からなる集団（副首相，正副官房長官と内閣官房幹部）を指す言葉でもある．官邸には，総理，副総理，正副官房長官，総理補佐官，総理秘書官，危機管理監，3副長官補（ただし，相部屋で常駐するのは外政担当副長官補，あとの2人は内閣府本府庁舎），内閣広報官，内閣総務官・同審議官たちが執務するオフィスと官邸事務所がある．また，官邸の会議室では，総理，官房長官が主宰する会議が開催される．官邸には内閣官房の実働部隊である事務職員が執務する場所はあまりないため，内閣官房の各部署は内閣府本府庁舎やその他のいくつかの庁舎に分散している．

3人の官房副長官補は,担当が内政,外政,事態対処・危機管理と分かれているが,その下には専任と併任の内閣審議官(部長級以上)および内閣参事官(課長級)が,副長官補室という大部屋に所属する.政策課題が発生するたびに,審議官と参事官がプロジェクトを組んで対応する仕組みになっているようである.副長官補の下に,数多くの政策担当部署として時限的に設置される戦略室,対策室,事務局,政策室,推進室などが置かれている.これらの政策室は,法律で設置が定められたものもあれば,政令で設置されたもの,閣議決定によるものなど,さまざまである.時限的に作られているので,設置も廃止も非常に柔軟である.職員の定数は内閣官房組織令で定められているが,その時々の内閣の政策課題に対応するため,総理大臣が特に必要と認める場合,期間限定で活用できる定数枠がある.それがいわゆる柔軟化定数であり,専任の内閣審議官定数46人のうち26人,および,専任の参事官82人のうち20人である.この定数枠を活用して,その都度,内閣官房に人材を集めることができる[12].

図4-2は,2012年5月の野田内閣期の内閣官房組織図である.2015年1月現在の図4-1と比較すると,当時は,内閣総務官室と内閣官房副長官補の間に国家戦略室が記されていたが,現在はない.行政改革推進室および行政改革実行本部事務局も廃止されて,現在は,行政改革推進本部事務局がある.これは,首相および全閣僚で構成され内閣に設置された行政改革推進本部の庶務を担当する事務局であり,行政改革推進本部の下で開催される行政改革推進会議の庶務も担当する.また,社会保障・税一体改革情報発信推進室も現在はない.安倍内閣の下で新しく設置されたものは,日本経済再生総合事務局,教育再生実行会議担当室,国土強靱化推進室,消費税

---

12) 内閣官房組織令6条3項および8条3項(最終改正2014年12月19日)による.

2. 官邸・内閣官房・内閣府と閣僚　163

図 4-2　内閣官房組織図（2012 年 5 月）

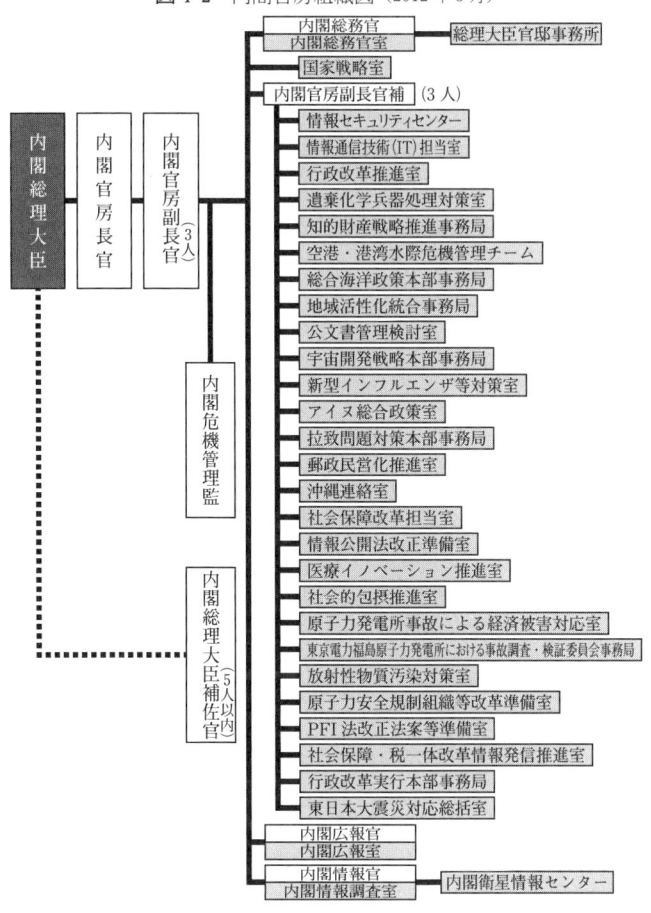

内閣総理大臣 ── 内閣官房長官 ── 内閣官房副長官（3人）

内閣官房副長官補（3人）
- 内閣総務官／内閣総務官室 ── 総理大臣官邸事務所
- 国家戦略室
- 内閣官房副長官補（3人）
  - 情報セキュリティセンター
  - 情報通信技術(IT)担当室
  - 行政改革推進室
  - 遺棄化学兵器処理対策室
  - 知的財産戦略推進事務局
  - 空港・港湾水際危機管理チーム
  - 総合海洋政策本部事務局
  - 地域活性化統合事務局
  - 公文書管理検討室
  - 宇宙開発戦略本部事務局
  - 新型インフルエンザ等対策室
  - アイヌ総合政策室
  - 拉致問題対策本部事務局
  - 郵政民営化推進室
  - 沖縄連絡室
  - 社会保障改革担当室
  - 情報公開法改正準備室
  - 医療イノベーション推進室
  - 社会的包摂推進室
  - 原子力発電所事故による経済被害対応室
  - 東京電力福島原子力発電所における事故調査・検証委員会事務局
  - 放射性物質汚染対策室
  - 原子力安全規制組織等改革準備室
  - PFI法改正法案等準備室
  - 社会保障・税一体改革情報発信推進室
  - 行政改革実行本部事務局
  - 東日本大震災対応総括室

内閣危機管理監

内閣総理大臣補佐官（5人以内）

- 内閣広報官／内閣広報室
- 内閣情報官／内閣情報調査室 ── 内閣衛星情報センター

図 4-3　内閣官房定員の推移

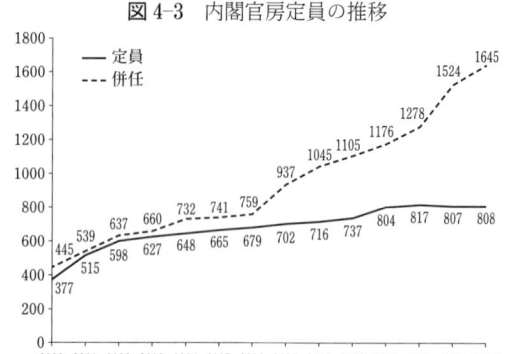

年	定員	併任
2000	377	445
2001	515	539
2002	598	637
2003	627	660
2004	648	732
2005	665	741
2006	679	759
2007	702	937
2008	716	1045
2009	737	1105
2010	804	1176
2011	817	1278
2012	807	1524
2013	808	1645

注：内閣官房（2012）および五十嵐（2013）をもとに作成した．定員は各年度末（2012年度、2013年度は4月1日時点）．併任は各年4月1日時点（2002-2004年度は当該年度の3月1日時点）．

価格転嫁等対策準備室，領土・主権対策企画調整室，TPP（環太平洋パートナーシップ）政府対策本部，2020年オリンピック・パラリンピック東京大会推進室，特定秘密保護法施行準備室（すでに廃止），まち・ひと・しごと創生本部事務局，すべての女性が輝く社会づくり推進室，エボラ出血熱対策室などである．このように，政権の判断によって，その時々の重要政策の企画・立案・総合調整を行うために柔軟に組織改編が行われている．さらに，内閣に置かれるさまざまな本部や会議があるが，その事務局を内閣官房が担っている[13]．これらは，法律にもとづくものもあるが，総理大臣決裁や関係省庁申合せなどで柔軟に簡単に設置できるものも多い．首相・官房長官が主宰しないものは官邸以外の庁舎で開催される．

図 4-3 は，内閣官房の定員の推移である．2001年の中央省庁等改革以降，内閣官房の定員が徐々に増加していることがわかる．内

13）　内閣官房のホームページには，100 を超える各種本部・会議等の活動情報が記されている．http://www.cas.go.jp/jp/seisaku/index.html（2014年10月22日アクセス）．

閣官房で対応する政策課題が増加してきており，それに合わせて柔軟かつ弾力的に運営できる仕組みになっているからである．それとともに各府省からの併任の職員が内閣官房の業務を行っており，その数も増加してきて，現在では定員の1.5倍から2倍ほどになっている．国家公務員の定員は削減されてきているので，官邸機能強化という流れの中で，内閣官房職員の純増と各省職員の純減が起こっており，さらに，各府省が持ち出しで併任職員を出しているということである．各府省としては，併任職員を出すことによって，内閣官房における政策の企画・立案・総合調整に出身省の一定の影響力を確保したいということである（田中2007）．

(2) 内閣の担当大臣

内閣官房の事務について，内閣官房長官の他に，内閣総理大臣の指示を受けた国務大臣がいわゆる「内閣の担当大臣」として，総理大臣を分担して補佐している（内閣官房2012）．これは，つまり，内閣法3条2項の行政事務を分担管理しない大臣である．各省大臣となって行政事務を分担管理する主任の大臣（3条1項）に対して，この内閣の担当大臣は内閣官房の内閣補助事務を担当する．このポストは，総理大臣の判断で設置され，特定分野の内閣の重要案件の企画・立案・総合調整を担当する．

表4-2は第3次安倍内閣の閣僚名簿である．閣僚はすべて国務大臣であるが，行政事務を分担管理する各省大臣，内閣府特命担当大臣，および，内閣の担当大臣に分けられる．たとえば，麻生太郎財務大臣は，内閣府特命担当大臣（金融）およびデフレ脱却担当の大臣であり，下村博文文科大臣は，教育再生担当および東京オリンピック・パラリンピック担当の大臣である．すべての大臣は「国務大臣に任命する」辞令を受け，各省大臣は「財務大臣を命ずる」といった辞令を受けるが，内閣の担当大臣は，「デフレ脱却を推進する

表 4-2 第 3 次安倍内閣閣僚名簿（2015 年 2 月 23 日現在）

氏名	職名
安倍晋三	内閣総理大臣
麻生太郎	副総理，財務大臣，内閣府特命担当大臣（金融），デフレ脱却担当
高市早苗	総務大臣
上川陽子	法務大臣
岸田文雄	外務大臣
下村博文	文部科学大臣，教育再生担当，東京オリンピック・パラリンピック担当
塩崎恭久	厚生労働大臣
林芳正	農林水産大臣
宮沢洋一	経済産業大臣，産業競争力担当，原子力経済被害担当，内閣府特命担当大臣（原子力損害賠償・廃炉等支援機構）
太田昭宏	国土交通大臣，水循環政策担当
望月義夫	環境大臣，内閣府特命担当大臣（原子力防災）
中谷元	防衛大臣，安全保障法制担当
菅義偉	内閣官房長官，沖縄基地負担軽減担当
竹下亘	復興大臣，福島原発事故再生総括担当
山谷えり子	国家公安委員会委員長，拉致問題担当，海洋政策・領土問題担当，国土強靱化担当，内閣府特命担当大臣（防災）
山口俊一	内閣府特命担当大臣（沖縄及び北方対策　消費者及び食品安全　科学技術政策　宇宙政策），情報通信技術（IT）政策担当，再チャレンジ担当，クールジャパン戦略担当
甘利明	経済再生担当，社会保障・税一体改革担当，内閣府特命担当大臣（経済財政政策）
有村治子	女性活躍担当，行政改革担当，国家公務員制度担当，内閣府特命担当大臣（規制改革　少子化対策　男女共同参画）
石破茂	地方創生担当，内閣府特命担当大臣（国家戦略特別区域）

ため企画立案及び行政各部の所管する事務の調整を担当させる」，「2020 年オリンピック・パラリンピック東京大会の円滑な準備に資するため行政各部の所管する事務の調整を担当させる」といった辞令を受ける．これは内閣法 12 条 2 項 2～5 号を受けている．麻生財務相，下村文科相以外にも，たとえば石破茂地方創生担当大臣は内閣府特命担当大臣を兼務しているが，内閣の担当大臣の方が通称であり，甘利明経済再生担当大臣も同様に，内閣の担当大臣の方が通

称である．2015年2月現在，12人の国務大臣が21の政策課題について内閣の担当大臣となっている．18人の閣僚中，担当大臣でないのは6人だけである．これらの政策課題については，主任の大臣は総理大臣なので，担当大臣は総理大臣を補佐するという位置づけになり，その任務に当たって，内閣官房の助けを受けることができる．内閣官房の推進室や政策室は，これらの担当大臣を補佐する．内閣の担当大臣は，内閣官房に対する法的な指揮監督権限はないが，官房長官の指揮監督権限を背景にして事実上行使する．

(3) 内閣府と特命担当大臣

2001年の中央省庁等改革における内閣機能強化の一環として，内閣に内閣府が設置された．内閣の統括の下に置かれている各省よりも上位に位置づけられる内閣府は，内閣の重要政策に関する内閣の事務を助けること（内閣補助事務）を任務とするが，その際，内閣官房を助けるものとするとされている（内閣府設置法3条1項，3項）．これに加えて，「内閣総理大臣が政府全体の見地から管理することがふさわしい行政事務の円滑な遂行を図ること」（3条2項）（分担管理事務）も，任務となっている．

内閣府が任務とする内閣補助事務は，恒常的かつ専門的な対応が必要な特定の内閣の重要政策に関する企画・立案・総合調整であり，設置法4条1項と2項に規定されている．経済財政政策，国家戦略特別区域，地方分権，科学技術政策，宇宙政策，防災，沖縄政策，北方領土，少子化対策，男女共同参画など多岐にわたる．

内閣府の分担管理事務は，上記の企画・立案・総合調整と関連する行政事務および栄典，公文書管理，政府広報などであり，4条3項に列挙されている．

また，重要政策に関する会議として経済財政諮問会議，総合科学技術・イノベーション会議，国家戦略特別区域諮問会議，中央防災

会議，男女共同参画会議が置かれている．

内閣官房がかなり柔軟に政策課題に対応して組織改編できるのに対して，内閣府の任務は，設置法4条各項で規定する必要がある．そのため，内閣官房が非定型的な業務を担当し，内閣府が定型的なルーティーン的業務を担当する（城山2006）という一応の分担が存在するが，民主党政権期に，国家戦略室が総理大臣決定で内閣官房に，行政刷新会議が閣議決定で内閣府に置かれたように，内閣官房と内閣府のいずれが担当するかは，その時々の政権の判断による．

内閣府発足以来，さまざまな法律にもとづいて設置法4条があわせて改正され，内閣府が所管する事務の数が大幅に増加してきている．2012年夏までの11年間で内閣府に追加されてきた政策課題は，34あった（内閣府2012）．

内閣府の長は総理大臣であり，内閣法における主任の大臣である（設置法6条1項，2項）．内閣府には総理大臣を補佐し，命を受けて4条の所掌事務を担当する特命担当大臣が置かれている（9条1項）．このうち，沖縄・北方対策，金融，消費者・食品安全については特命担当大臣が必置とされており（それぞれ10条，11条，11条の2），その他に，首相の判断で任意に設置されるものとして経済財政政策，規制改革，男女共同参画，少子化対策，防災などの持命担当大臣が置かれる．内閣特命担当大臣には，「国務大臣に任命する」辞令，「内閣府特命担当大臣を命ずる」辞令，および，「沖縄及び北方対策を担当させる」といった辞令が交付される．内閣府発足以来少ないときで5人，多いときでは9人置かれている．表4-2にあるように，第3次安倍内閣では，8人の特命担当大臣が13の内閣府の事務を担当する．特命担当大臣は，内閣府が所管する特定の内閣の重要政策に関する企画・立案・総合調整を担当し，関係行政機関の長に対し，資料提出や説明を求めたり，勧告を行ったり，その勧告にもとづいてとった措置についての報告を求めたり，首相に対して意見を

具申したりする権限がある (12条).

2001年の中央省庁等改革以降, 18人 (2012年から置かれた復興大臣を含む) の閣僚のうちの大半が内閣の担当大臣あるいは内閣府特命担当大臣に任命されて, 主任の大臣である総理大臣を補佐し, 内閣官房および内閣府の事務を担当する体制となっているということである.

内閣官房と内閣府の事務は2001年以来増加し続けてきたが, 政府はスリム化を検討し, 2015年3月に内閣官房・内閣府見直し法案を閣議決定した. 法案の概要は, ①内閣官房で実施する2事務および内閣官房と内閣府で実施する3事務を内閣府に移管・一元化し, ②内閣府の9事務を各省等に移管し, ③各省等が, その任務に関連する特定の内閣の重要政策について, 閣議決定で定める方針に基づき総合調整等を行い, 内閣を助けることができるように規定を整備することである. 国会に提出して成立させ2016年4月から施行することをめざしている.

3. 首相動静に見る政権中枢

2001年の中央省庁等改革と内閣機能強化により, 官邸主導, 首相主導の制度が整備された. そこで, 新しい制度が, どのような変化をもたらしているかを, 首相動静データを分析することで見てみよう. 新聞各紙の2面あるいは4面には, 前日の首相の行動を記した小さな記事がある. 欄の名前は各紙でまちまちであり, たとえば, 『朝日新聞』では「首相動静」欄, 『読売新聞』では「○○首相の1日」欄である. 200～400字程度の記事で, 午前と午後の何時何分に首相が誰と会い, どこに行ったかが記されている. 各紙とも1970年代後半から毎日掲載するようになった. 官邸記者クラブの共同通信と時事通信の総理番記者が首相の動向を各社に配信する体

制になっている（待鳥 2012；池上 2009）．旧首相官邸では，総理執務室のすぐ近くまで各社の記者たちが立ち入ることができたが，2002年から使用されている現在の官邸では，モニタテレビによる確認しかできず，目の届かないルートを通って総理執務室に入ることができるようになったため，すべての会談が記者たちによって把握されているわけではない．逆に言えば，首相動静欄の会談は，当事者たちが掲載されることを承知の上で行われているということである．待鳥（2012）は，首相がどのような人々を重視して政策判断を下しているかに関して，首相側が意図を伝えようとするメッセージであると捉えている．

　待鳥は，首相動静欄に記載された役職ごとの面会人数を内閣の一定期間で集計し，総のべ人数に対する役職ごと面会人数の比率を比較している．この指標は相対比率であるから，その役職の面会人数の変化だけでなく，他の役職の面会人数が変化することによっても影響される．待鳥は，官邸主導が特定の役職者との面会比率の相対的増加を反映していると仮定して分析を行い，官邸主導が内閣機能強化の制度変化によるものか，それとも政策転換を行おうとする首相の行動パターンの変化によるものか，あるいは，首相を補佐するスタッフの増加によるものか，検証を試みた．分析の結果，① 2001 年以降の首相はそれ以前の首相に比べて，各省官僚や与野党一般議員よりも，内閣官房・内閣府の正副官房長官（政務）・特命担当大臣・官僚，各省の政務三役，および，与党幹部との面会の比率が高いこと，②民主党政権の首相は，上記の傾向がいっそう強く，しかも，内閣官房・内閣府の官僚とは面会が減少していること，を明らかにした．そして，2001 年以降の官邸主導は，制度変化によるものであると結論している（待鳥 2008，2012，2013）．

　本書では，待鳥と同じ首相動静データを用いるが，分析対象を1980 年の鈴木善幸首相から 2013 年末までの安倍首相までに拡大す

る．また，1日について役職ごとに首相が面会したならば1，そうでなければ0と記録するデータを作成し，待鳥とは異なり同じ役職者が同日に複数回面会してもそれを数えない．一定期間における役職ごとの面会データの比率を計算すれば，それぞれの役職者がどのくらいの頻度で首相に面会しているかという面会頻度になる．ここでは，長期的変化に注目するために首相ごとに頻度を計算した結果を示す[14]．ある役職者が首相に毎日面会すれば，面会頻度は1であり，2日に1回の割合で面会すれば0.5である．面会者は首相に単独でも複数でも面会することがあるので，首相との面会は排他的ではない．ここで用いる役職ごとの期間あたりの面会頻度は，他の役職者の面会頻度とは独立した指標であり，待鳥の役職ごとの相対的面会比率とは異なる[15]．

まず，図4-4は，1980年から2013年までの首相ごとに主要3省と内閣府（あるいはその前身である総理府と庁）について，大臣（官房長官を除く）と官僚をあわせた首相との面会頻度を見たものである．中曽根首相（1982-1987）や小泉首相（2001-2006）のように在任期間が長い首相もいて，面会頻度は同一首相の在任期間中でも変化するが，ここでは，首相の在任期間ごとに面会頻度を見ている．この長期的変化を見ることによって，2001年の中央省庁等改革と内閣機能強化の意味合いを考えてみよう．首相によって頻度が上下しているが，全期間を通じて面会頻度が高いのは，外務省関係

---

14) 図では示していないが，必要な場合には年ごとで見た分析についても触れる．

15) その他にも，データの集計に関して，異なる点がある．待鳥は，正副官房長官（政務）・内閣府特命担当大臣・首相補佐官を執政中核部，その他の閣僚・副大臣・政務官を執政外延部，政権党の幹事長・政調会長・総務会長を党執行部，官房副長官（事務）・内閣情報官・内閣官房と内閣府の官僚を執政補佐部としている．それに対して，本書では，内閣官房，内閣府，各省を区別し，さらに，大臣と官僚とを区別して，面会データを分析している．

172　第4章　首相・内閣・大臣

図4-4　主要3省および総理府・内閣府との面会頻度

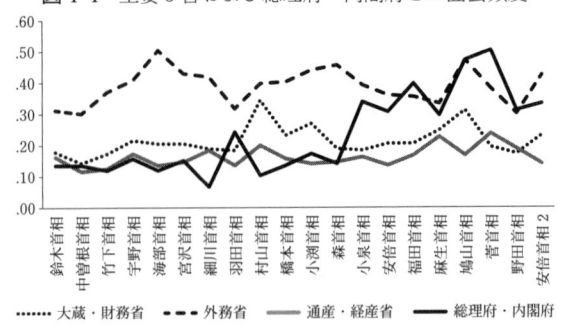

……… 大蔵・財務省　--- 外務省　── 通産・経産省　── 総理府・内閣府

である．このことは，首相にとって外交がきわめて重要な課題であり，つねに外務省からの情報やブリーフィングを必要としていることを示している．次いで，大蔵・財務省関係の面会も時期によって若干上下するが頻繁に行われている．通産・経産省がそれよりやや少ない頻度で首相に面会している．これらの主要3省関係の面会は，2001年の前後で特に大きな変化がない．すなわち，2001年に就任した小泉首相以降でも，3省関係の面会はほぼ同じ頻度で行われている．むしろ，2009年の民主党への政権交代の方が，より大きな変化をもたらしているようである．鳩山，菅，野田の各首相と3省関係の面会頻度は，外務，財務両省では鳩山首相で上昇した後，菅首相以降で下降しているが，経産省では鳩山首相で下降し，菅首相で上昇した後，野田首相ではふたたび下降している．民主党政権における面会頻度の複雑なパターンは，より詳しく見ていく必要がある．

　総理府・内閣府関係の面会頻度は，2001年の小泉首相の時から高くなり，そのまま民主党政権になっても継続している．2001年以前には，総理府とその外局の庁は，行政事務を分担管理する各省とは異なり，政策の総合調整を行う機関と位置づけられていたが，その調整機能はあまり強かったとはいえない．総理府関係の面会頻

3. 首相動静に見る政権中枢　173

図4-5 主要閣僚および官房長官，総理府・内閣府大臣との面会頻度

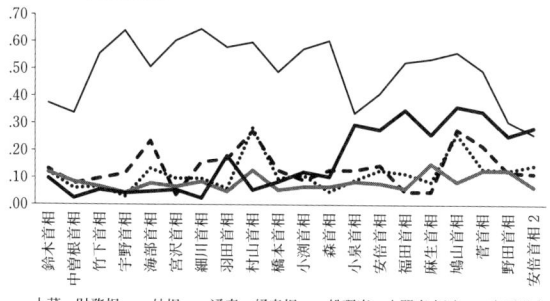

```
.70
.60
.50
.40
.30
.20
.10
```
鈴木首相　中曽根首相　竹下首相　宇野首相　海部首相　宮沢首相　細川首相　羽田首相　村山首相　橋本首相　小渕首相　森首相　小泉首相　安倍首相　福田首相　麻生首相　鳩山首相　菅首相　野田首相　安倍首相2

‥‥大蔵・財務相　―― 外相　―― 通産・経産相　―― 総理府・内閣府大臣　―― 官房長官

度がどの内閣においてもあまり高くないことはその反映だと考えられる．しかし，2001年の内閣府の設置により内閣府関係の面会頻度ははね上がり，外務省関係と肩を並べ，時にはそれを超える頻度にまでなっている．首相にとって内閣府の重要性が高いことを示している．2009年以降の民主党政権においても，内閣府関係の面会頻度は高いレベルである．政権を担当する政党のいかんにかかわらず，首相との面会頻度が高いことは，官邸主導が制度改革によってもたらされたという待鳥の結論が，ここでの分析でも確認されたということである．ただし，内閣機能強化のために設置された内閣府の重要性の増大が従来の主要各省との関係の重要性の低下をもたらしたということではなく，主要各省の面会頻度は影響を受けていない．したがって，官邸主導によって，首相の軸足が各省から内閣府や内閣官房へと移ったということでは必ずしもないことに注意する必要がある．

　図4-5は，主要閣僚および官房長官，総理府・内閣府の大臣の首相との面会頻度を見たものである．このうち，総理府・内閣府の大臣は，2001年以前の総理府，経済企画庁，沖縄開発庁，北海道開発庁の各長官および2001年以降の内閣府特命担当大臣と内閣の担

当大臣をまとめている．前掲の図 4-4 とは対照的に，この図 4-5 における閣僚レベルでは，主要 3 閣僚がおおむね横並びで一定の頻度で首相に面会していることがわかる．そして，時期により，蔵相・財務相や外相の面会頻度が頻繁になることもある．2001 年の小泉首相以降も特に顕著な傾向は見られない．官房長官は，首相ともっとも頻繁に面会しており，どの期間においても，主要 3 閣僚の 2 倍あるいは 3 倍以上の頻度でコンスタントに面会している．ただ，小泉首相では面会頻度の落ち込みが明瞭に現れている．この理由として考えられることの 1 つは小泉内閣期の 2002 年から新官邸の使用が開始されたことであり，もう 1 つは小泉首相の面会パターンが他の首相とは異なることである．新官邸の使用開始にともなって，記者たちの目に触れずに官房長官室から総理執務室に入って首相に面会することができるようになった．図には示していないが，年ごとの官房長官の面会頻度を見ると，2002 年以降落ち込みがあり，また，政務および事務の官房副長官についても同じような面会頻度の落ち込みがある．したがって，官邸に執務室のある政権中枢の面会が必ずしも総理番記者たちに把捉できていなかった可能性が高い．官房長官の面会頻度は小泉首相後にはふたたび多くなっているが，安倍首相以降の政権中枢の新しいスタッフたちが，意図的にあるいは自然体として，テレビモニタに映らない形での総理執務室への移動よりも，見える形での首相との面会を選んでいるということだろう．もう 1 つの小泉首相の面会パターンであるが，小泉内閣期には，首相動静における面会の記述量（記事の文字数）が少ないことが指摘できる．細川首相以降の首相動静記事は土日を除いて平均 312 文字であるが，小泉首相のそれは平均 285 文字であり，記事は政権の後期ほど減少する傾向がある．過去 20 年間の首相の中では村山首相の 278 文字に次いで少ない．記述量の少なさは面会人数の少なさを示しているから，小泉首相は，面会を戦略的に操作していたので

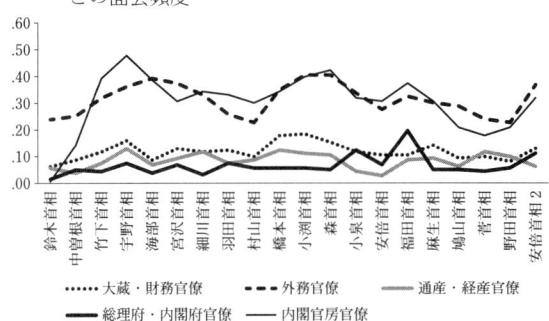

図 4-6　主要 3 省および総理府・内閣府，内閣官房の官僚との面会頻度

･･････ 大蔵・財務官僚
－－－ 外務官僚
―― 通産・経産官僚
―― 総理府・内閣府官僚
―― 内閣官房官僚

はないかと推測される．

　この図におけるもう 1 つの重要な変化は，2001 年の小泉首相以降に内閣府の大臣たちが首相と面会する頻度が高くなったことである．2001 年以降には 5〜9 名の特命担当大臣および数多くの内閣の担当大臣が任命されており，彼らが首相を補佐し，多様な政策調整を担当し，首相と頻繁に面会しているということである．

　2009 年からの民主党政権においては，鳩山首相では経産相以外の閣僚との面会比率が高くなっている．これは，政治主導・官邸主導が官房長官，主要閣僚，内閣府大臣たちによって実践されたということである．しかし，菅首相では面会比率が鳩山首相よりも下がり，野田首相では官房長官の面会頻度が大きく低下し，他の主要閣僚の面会頻度も下がっている．小泉内閣期と同様に総理番記者たちの目に触れない面会が多用されたのかもしれない．

　図 4-6 は，主要 3 省および総理府・内閣府と内閣官房の官僚の首相との面会頻度を見たものである．内閣官房の官僚は，官房副長官補，内閣審議室長，内閣総務官，内閣広報官，内閣情報官，内閣危機管理監などを指す．まず，全期間を通じて，外務官僚との面会頻度が高いことがわかる．前掲の図 4-4 とあわせて考察すれば，外務

官僚たちがきわめて頻繁に首相官邸を訪れて首相と面会していることが，外務省関係の面会頻度の突出の理由であるということである．大蔵・財務官僚も一定の頻度で面会しており，通産・経産官僚はそれよりやや低い頻度である．内閣官房官僚は，1980年代前半の中曽根内閣期から面会頻度が上昇した後，外務官僚と同じレベルの頻度となっている．これは，上述したように，1986年に内閣官房が5室体制に整備されて，政策調整，情報，広報機能が強化され，それぞれの室長が頻繁に首相と面会するようになったことを反映している．2001年には内閣官房がさらに強化整備されたが，小泉首相との面会頻度は微増にとどまっている．これは，図には示していないが，年毎に見ると，小泉内閣期の2002年以降には正副官房長官と同じように面会頻度の落ち込みがあるからである．内閣官房の幹部官僚たちの執務室も官邸にあるため，総理番記者たちに気づかれずに面会したものと考えられ，福田首相では，ふたたび，面会頻度が上がっている．2001年以降の官邸主導の影響は，官僚レベルの面会頻度の変化としては現れていないようである．前掲図4-5の閣僚レベルにおける変化と比較して考察すれば，官邸主導は，内閣府特命担当大臣や内閣の担当大臣が数多く任命され，彼らが頻繁に首相と面会することによって進められたと考えられるということである．

2009年から2012年の民主党政権は，政治主導をかかげて官僚を徹底して排除しようとしたため，特に内閣府と内閣官房の官僚たちの面会頻度が大きく落ち込んでいる．しかし，主要3省はそれほど落ち込んでおらず，逆に菅首相では原子力エネルギーを所管する経産官僚の面会頻度が上昇している．民主党政権における官僚の排除は，官邸に近い官房・内閣府を排除する一方で，主要各省とは連携し，あるいは主要各省に助けを求めざるを得ない状況だったのではないかと考えられる．

第5章　内閣と行政官僚制

　議院内閣制は，有権者―議会―首相（内閣）―大臣―行政官僚制という単純な委任と責任の連鎖を特徴とする．行政官僚制はこの連鎖における究極の代理人である．本章では本人である議会―首相（内閣）―大臣からなる政治家とその代理人としての行政官僚制との関係，すなわち政官関係について見ていく．

1. 行政国家と官僚制への委任

　議院内閣制において，議会―首相（内閣）―大臣は，政策を法律や予算などの形で決定する権限を持ち，官僚制は，首相（内閣）および大臣からの委任を受けて行政を担当して政策を執行する．日本の政治制度においては，憲法65条は「行政権は，内閣に属する」と規定し，内閣法3条は「各大臣は，別に法律の定めるところにより，主任の大臣として，行政事務を分担管理する」と規定する．別に定める法律とは国家行政組織法であり，同法5条は，「各省の長は，それぞれ各省大臣とし，内閣法にいう主任の大臣として，それぞれ行政事務を分担管理する」と規定して，各省の長に国務大臣を当てている．そして同法の別表第1で，国の行政機関としておかれる各省の名称を規定し，それを受けて各省の設置法が制定される．したがって，内閣に属する行政権を，分担管理原則により大臣が担当し，各省の官僚制が大臣からの委任を受けて実施する．必然的に，大臣たちは行政官僚制に対して政策の執行のための具体的な詳細を

決定する権限を委任することになる．第1章で説明した本人―代理人関係では，本人は依頼したい内容（病気の治療や法律問題の解決）ははっきりわかっているが，それについて具体的にどうしたらよいか詳しい知識を持っているわけではない．医師や弁護士などの代理人が本人よりも専門的な知識や技術を持っていて，本人は持っていない，あるいは，本人が自分で直接行うことができない場合に，こうした委任は発生する．政治家から官僚制への委任についてもそうであり，政治家よりも行政官僚制の方が行政に関する専門的知識・能力が高い．本人である政治家は，自分たちが望む政策を実現するために，代理人である官僚制に委任してその専門的知識と技能を活用するのである．

　政治家と官僚の関係は現代の国家においてとりわけ重要である．現代国家においては，行政の活動範囲は広く活動内容も多様である．これに対応して，複雑化した行政活動を担当する行政組織と官僚制も大きく，高い専門的知識と能力を備えている．そして，もともと議会の多数派の支持を確保した行政府が立法においてもイニシアティブを取るため，政策立案機能において行政府が議会に優越していた議院内閣制においても，また，議会と行政府とがほぼ対等の権力分立制の大統領制においても，両者の関係は古典的な制度理解とは異なってきている．議会は，立法に必要な専門的知識と能力において，行政府に後れを取り，複雑・多様化し，高度の専門性を持つ行政活動の細部にまで監視を行うことが実質的に不可能になってきているのである．その結果，行政府の比重がさらに増し，議会よりも相対的に大きな影響力を持つようになっている．このように，議会の立法権に対して行政権が優越的な地位を占める国家は行政国家とよばれている（森田 1996）．行政国家においては，議会は内閣に対して，そして，さらに行政官僚制に対して，政策決定においてかなりの裁量権を委ねざるを得ない．

1. 行政国家と官僚制への委任

　行政国家化は，イギリス，フランス，アメリカ，日本を始めとして，ほとんどの現代民主政治システムにおいて生じている．行政国家において官僚制が優位になる理由はいくつか指摘できる．第1に，官僚制が行政の専門的知識・技術を保有していることである．それが，本人の立場に立つ政治家が，代理人としての官僚制に委任する主要な理由である．しかしながら，官僚制はこの専門知識を政治家の利益に反するように使うこともできるから，本人である政治家にとっては諸刃の剣である．専門知識のある官僚制に政策決定を委ねた方がよりよい結果になると考えられるので，政治家は官僚制に決定権限を委任するのであるが，官僚制はそれをいいことに，議会や政治家の政策選好に反する行動を取ることもできるのである．官僚制が優位になる第2の理由は，政府規模の拡大と社会の複雑化のために，政治家と官僚制の専門知識の格差がいっそう拡大することである．政府活動の大きさは，政治家が行政情報を理解し，適切に決定を行う処理能力の限界をはるかに超えている．大臣は，各省において数多くの決定を下すにあたって，官僚制が背景説明のブリーフィングとあわせて提示する決定案を覆すことはきわめて難しく，大半をそのまま受け入れるほかないのである．こうして，政治家から官僚への委任はほとんど必然的である．第3に，構造的な要因も行政国家における官僚制の優位を強めている．結局，官僚制が政策の実施にあたるのであるから，官僚制は，この立場を利用して，政治家たちが好まないような行動を取ることができる．官僚制が政治家たちの知らないうちに政治家たちの指示に従わないで委任された内容から逸脱する行動を取るモラル・ハザードが生じる．第4に，官僚制には組織としての目的や政策選好がある．官僚制は，所管の政策分野に関する予算の増加や規制権限の増大をめざし，行政組織として拡大強化することを望んでいる．要するに官僚制は自らの優位をめざしているということである．

さて,こうした行政国家における官僚制の優位が好ましいことなのかどうかについては,必ずしも意見の一致が見られない.また,仮に官僚優位が好ましくないとすれば,それに対する政治主導がどのようにして可能であるのかについても必ずしも明らかではない.2009年からの民主党政権においては,政務三役を中心に政治主導で政策の立案,調整,決定を行おうとして,官僚へ委任すべき業務も抱え込んでしまい,オーバーロードになって,うまく機能しなかった例がある.森田（1996）は,行政国家化は必然であり,行政の専門化,高度化が進み,職業的行政官の果たす役割が増大した現代において,政治と行政の関係あるいは両者の比重は,民主主義と行政の専門性との関係を考える上で重要な問題であるとしている.

行政国家における行政官僚制の裁量権の拡大は,委任—責任の連鎖関係と必ずしも対立・矛盾しない.しかし,立法権に対する行政権の優越化がいっそう進行すれば,政治家から官僚制への委任もその範囲を超えて権限の移譲あるいは放棄になるかもしれない.そうなると,官僚制が実質的自律性を認められてほとんどの政策決定権を握ることになり,選挙で選出されて有権者から委任された政治家たちが政策的帰結に影響を及ぼす機会がほとんどなくなる（Lupia and McCubbins 2000）.それでは,民主的な政治システムとはいえなくなる.その意味では,行政国家における官僚制の優位は,現代民主政治と緊張関係にある.

行政国家における官僚制の優位がもたらす得失については,さまざまな議論がある.積極的に評価する観点としては,官僚制に広範な裁量権を与えることにより,政策決定の誤りおよび政策執行における失敗を極小化することができるという主張がある.官僚制の行政に関する専門知識・技術は政治的に中立であり,客観的に最もすぐれた結果をもたらすことができると評価される.行政を政治から切り離して官僚制が行政の専門家として担当することにより,どの

ような政権の下においても本人である政治家の政策を，政治的に偏ることなく公正かつ効率的に執行し，国民のために最良の行政を提供することができる．また，中立的で有能で専門的な官僚制に広範な権限を付与することが，より整合性の高い政策決定をもたらすとされる．

しかし，官僚制の優位に対して批判的な見方も多い．官僚制は代理人として本人である政治家の委任を受けて活動しているというよりも，むしろ，実質的な政策決定を広範に行っており，それはしばしば不適切でさえある．行政国家は，エリート主義的であり，民主的でなく，中立的でもない．官僚制は所管する業界や利益団体の利益や権益を優先する傾向があり，偏っている．しかも，官僚制による政策決定は，組織内部で行われるため，秘密主義で不透明になっており，説明責任も果たされていない．また，官僚制は先例重視で，従来の政策を微調整することには長けていても，ゼロから新しい政策を構想するといった政策革新能力においては，必ずしもすぐれておらず，専門知識・技術が官僚制の思考・行動を制約している場合もあるということである．

これらの官僚制の優位に対する評価は，いずれも，政治家に代わって官僚制が広範な裁量権を行使して実質的な政策決定を担当し，それに対して，政治家が官僚制よりも大きな影響力を行使して政策決定にあたり，官僚制をコントロールする政治主導が困難であることを前提としている．しかし，こうした行政国家における官僚制の優位はきわめて広範かつ曖昧な言葉や概念で論じられており，官僚制の優位あるいは政治主導を判定するための客観的基準や実証的研究に必ずしももとづいていない (Huber and Shipan 2002; 曽我 2013)．政治家と官僚制は委任—責任関係にある本人と代理人であるから，政治家から官僚制への委任は必然的であるが，それが効果的な政治的コントロールを達成しているのか，それとも，行政国家化して非

民主的な結果をもたらしているのかを判定するためには、官僚制によって実質的に決定され執行された政策の帰結に注目する必要がある。

ここで重要なのは、政治的コントロールを達成するやり方にはいくつか異なる方法があるということである。有権者から委任を受ける政治家は、有権者の政策的選好を政治に反映する責任がある。その場合、政治家が、政策を決定して官僚制に指示を与え、官僚制が政策を執行することになるわけであるが、①政治家が詳細な政策を立案し指示を出して、官僚制がそれを忠実に執行しても、必ずしもねらい通りの政策的帰結を達成できるかどうかはわからない。逆に、②政治家が基本的な大まかな方針だけを立案し、細部については広範に官僚制に委任してしまったとき、官僚制が政治家の望む政策的帰結をもたらすような政策を事実上決定して執行すれば、どうだろうか。どちらが官僚制を効果的にコントロールしていることになるだろうか。政治家から見れば、自分にとって好ましい政策的帰結が得られる方が、好ましい。したがって、政治家が官僚制の政策提案が自分にとって好ましい政策的帰結をもたらすと判断することができるならば、行政国家における官僚制の優位に見える政策決定も、政治家にとっては必ずしも悪いことではない。こうした政治家の選好に応答する官僚制は、政治家が官僚制を信頼して、政治家の望む政策的帰結をもたらすように行政決定の裁量権を行使させることを許容する政治システムにおいて、可能となる。そのように官僚制が政治家から信頼されるならば、官僚制に広範な裁量権を与えることは、必ずしも、政治家が決定権限を移譲・放棄して、行政国家と官僚制優位となることを意味しない。むしろ、政治家が政策専門家として信頼される官僚制に合理的に委任して、官僚制を効果的にコントロールしていると考えることができる（Huber and Shipan 2002）。

ただ、問題は、政治家の権限移譲・放棄かあるいは合理的な委任

かどうかというのは，外見上は同じに見えることである．前者ならば行政国家における官僚制の優位であり，後者なら効果的な政治的コントロールである．この2つを見分ける方法は，政治家の政策選好と執行された政策的帰結との間に明確な関連性があるかどうかを調べることである．行政国家と官僚制の優位が実態なら，政治家の政策選好と官僚制の行政執行とは無関係になってしまうはずである．逆に，官僚制が政治家の政策選好に敏感に反応して政策を執行しているならば，政治家の政策選好の変化が行政機関の政策執行の変化をもたらすはずである（Huber and Shipan 2002）．

2. 官僚制の政治的コントロール

こうして，行政国家に関する問題は，本人である政治家の政策選好と代理人である官僚制の政策決定・執行の帰結が，どれだけ関連しているかという問題になる．そして，政治家が官僚制に広範な裁量権を与える場合，それが政治家にとって好ましくない政策的帰結をもたらさないようにするための制度を，創設したり，活用したりする必要がある．

本人が代理人に委任する場合，代理人は本人の利益のために行動することになるが，必ずそうしてくれるかどうかは保証されない．本人と代理人の間には利益が対立する可能性があり，代理人が本人の委任に背く行動を取る可能性がある．さらに，本人は3つの種類の情報問題に直面し，そのすべてにおいて本人よりも代理人が情報で勝るという情報の非対称性が存在する．第1に，一般的な不確実性があり，今後何が起こるか，事態がどのように展開するかについてはっきりとわからないということである．専門知識・能力をもつ代理人は，本人よりもこうした不確実性を小さくし，情報をより的確に把握する能力があるため，本人が代理人に委任することは自ら

の利益になる．第2に，一般に公開されていない私的情報，あるいは隠れた情報がある．代理人だけが知りうる情報は，本人の利益を増加させることもあるが，逆に損ねる危険もある．たとえば，官僚制が政治家とは異なる政策選好を持っている場合や，特定の政策の立案実施に必要な専門知識とは異なる専門知識しか持っていない場合などである．隠れた情報のために，不適切な代理人を選任してしまうことを逆選択（adverse selection）という．第3に，隠れた行動，観察不可能な行動がある．本人は，代理人の行動をすべて監視することはできない．そこで，行動が本人に知られていないことを利用して，本人の利益に反する行動を取るモラル・ハザード（moral hazard）が発生することがある．

　日本の政治過程において発生した代理人問題の例をいくつかあげておこう．議院内閣制において代理人問題が発生すると，単純な委任と責任の連鎖のために，本人の監督責任や任命責任も問われることになり，その時々の政権を直撃する政治問題にも発展することがある．たとえば，2007年に発覚した社会保険庁の消えた年金記録問題は，第1次安倍内閣を直撃し，2007年参院選における自民党惨敗の原因の1つとなった．これは，オンライン・データ化した年金記録の中に，一元管理のための基礎年金番号に未統合の記録が5000万件もあり，データの不備や不正確な記録が多く存在し，保険料納付が台帳に記録されていなかったことも判明した問題である．問題発生の原因は，厚生労働省と社会保険庁に年金記録を正確に作成・保管・管理する責任感と重要性の認識が欠如しており，誤りや欠落が相当あることを知りながら訂正する組織的取り組みを行わず，年金給付の裁定請求時に訂正すればよいとして放置したことなどである（年金記録問題検証委員会2007）．怠慢による典型的なモラル・ハザードである．

　また，東日本大震災の復興予算では，被災地以外の全国防災対策

費に1兆円程度があてられることになっていたが，2012年度までの復興予算17.5兆円のうち約2兆円が被災地以外で使われており，復興に名を借りて，これまで一般会計で支出してきた無関係な事業に流用したものが数多く露見した．当時の野田内閣は，被災地復興と直接関係のない事業の執行を停止し，2013年度からは全国向けの予算については復興特別会計に計上しない方針を決定した[1]．これは，法律の規定には違反していないが，復興の目的を逸脱した予算が意図的に組まれていたモラル・ハザードの例である．

モラル・ハザードではないが，本人である政治家と代理人である官僚制の利益が対立したために発生した代理人問題として，2007年末の薬害肝炎訴訟問題の解決をはかるために，当時の福田首相が，政府提出法案ではなく議員立法によって薬害肝炎救済法を成立させた例がある．肝炎ウィルスの入った血液製剤の投与によって被害を受けた患者が国の責任を追及する国家賠償請求訴訟において，原告と国との和解が厚労省などの抵抗により難航したため，福田首相は，国の責任を認め患者を全員一律救済するために，自民党総裁として議員立法することを政治決断した．本人である首相が代理人である厚労省に対して代理人の利益に反する政府提出法案を作成させることができず，官僚制が直接関与しない議員立法によらざるをえなかったということである．

さて，政治家である本人は，代理人である官僚制がもたらす可能性のある損害（エージェンシー・ロス）を防ぎ，代理人問題を解決するために，制度を活用する．そうした制度には，事前コントロールの制度と事後コントロールの制度がある（Huber 2000; 曽我 2013）．議院内閣制において，官僚制への委任に関する事前コントロールの制度には，①人事権，②行政組織再編，③行政手続，④予算と法律

---

1) 『朝日新聞』2012年11月27日付，11月28日付．

などがあり，事後コントロールの制度としては，⑤行政監視の諸制度があり，また，事前コントロールであげた諸制度の行使あるいは改正も，事後コントロールのメカニズムとして役立つ．

　人事権は，本人が代理人を選抜する制度であり，できるだけ能力が高く本人と政策選好が一致する代理人を選抜することによって，本人と代理人の間で利益が対立しないようにする．多くの国において，大臣は，省庁の幹部の任命権を持っている．フランスやベルギーでは，大臣が省内に政治任用する大臣キャビネ（cabinets ministériels）がある（濱野 2014）．フランスの場合，各大臣キャビネは5～40人程度，全体で720人程度（大統領，首相キャビネを含む）であり，その7～8割が国家公務員の身分を保有する高級官僚から任命される．大臣キャビネは，閣僚の政策立案の補佐，閣僚の施政方針の具体化方策の検討，省庁内の各局への指示，各局から上申されてきた成案の審査と修正，閣僚の政策の実現に向けての国会工作などを担当し，政治と行政，政治家と行政職員，政治機構と官僚機構の間の橋渡し役を演じている（西尾 2004）．イギリスでは，各大臣が各省の職員として特別顧問を，通常の公務員試験によらず，外部から政治任用することができる（森田 2004）．こうした特別顧問は，各大臣が2名まで任用することができ，政治家に対する政策の助言者としてのスタッフの機能を果たす．ブレア政権期の1997年には，官僚を指揮する権限を付与できるようになってライン職の性格をあわせもつこともあったが，指揮命令権は2007年に廃止された（濱野 2010）．特別顧問は，政治的に中立な一般職公務員が担当できない党派的な立場に立った政策立案への関与や，党の議員や外部利益団体との連絡調整などを行っている．ドイツでは，各省の局長級以上と事務次官は，政治的官吏と呼ばれるポストであり，大臣がいつでも一時休職させて，後任を官僚の中から政治任用することができる（毛利 2000, 2014）．政治的官吏は，政治の意思を行政組

織に伝え，大臣と一般の公務員をつなぐ役割を果たすものとされている．さらに，官僚を政治的ポストに任命しなくても，政治的な党派系列がわかる官僚がドイツやイギリスでは存在するといわれている．そうした党派的官僚を，政権政党が省内の幹部ポストへ昇進させることで，官僚制を政治的コントロールすることができる．

　さて，日本では，官僚制はトップの事務次官以下すべて一般職の公務員である．各省の政治的任命は政治家が就任する大臣，副大臣，政務官に限られ，一般職の官僚の人事は，国家公務員法では内閣と各大臣に任命権があるものの，従来，自律的であるとされてきた．橋本内閣期の1997年に閣議人事検討会議（正副官房長官で構成）が設置され，それ以降，全省庁の幹部職員人事を審査することになっているが，その法的根拠はあいまいであった．1998年の中央省庁等改革基本法では，幹部職員人事については内閣の承認を必要とするための措置を講ずることが規定され，2008年の国家公務員制度改革基本法では，幹部公務員の任用を内閣官房に新設する「内閣人事局」に一元化し，官房長官が適格性の審査や候補者名簿の作成を行い，各閣僚が首相と協議して任免するものとすることとした．しかし，2009年の政権交代で民主党政権になると，基本法を具体的に法制化する作業はほとんど進まず，閣議人事検討会議も実質的にほとんど機能しなかった．

　2012年に自民党が政権を取り戻した後，再び閣議人事検討会議が活用されるようになり，事務次官などに官邸主導の人事が行われた．そして，2014年4月に中央省庁の幹部人事を一元管理する「内閣人事局」の新設を柱にした国家公務員制度改革関連法が成立した．内閣人事局における人事管理の対象は，各府省の審議官級以上の600人であり，大臣による職員の人事評価を考慮し，官房長官が幹部候補者名簿を作成し，その名簿にもとづいて大臣が任用候補者を選び，首相や官房長官が加わる「任免協議」を経て幹部を決め

る．勤務実績が低い場合には降格することも可能になった．これとあわせて，国家戦略スタッフとしての総理大臣補佐官の所掌事務の拡充および政務スタッフとしての大臣補佐官の新設が規定された[2]．

人事権以外の事前コントロールの制度として，行政組織再編は，きわめて強力な手段である．第4章で説明したように，イギリスやドイツなどの首相は大臣の所管分野および行政組織を再編する権限を持っており，それによって首相のめざす形に変えることができる．日本では行政組織の再編は法律改正による必要があるが，橋本内閣のもとで1996年から進められ，2001年から実施された中央省庁等改革などの行政改革は，政治主導，官邸主導をもたらす大きな制度改革であった．この改革で，内閣法，内閣府設置法，国家行政組織法，各省設置法などが制定・改正された．中央省庁を1府22省庁から1府12省庁へと再編し，内閣官房，内閣府などの首相の補佐体制を強化し，政治主導の行政運営をめざし，独立行政法人化や民営化による行政のスリム化，情報公開の促進などを進めた．

政策形成や政策実施の際のルールとしての行政手続を定めることによって，代理人である官僚制が取りうる行動に影響を及ぼすことも，事前コントロールの制度である（曽我 2013; Huber 2000）．行政手続は，官僚制が政策実施の際に従わなければならない規則を定めるものであり，一般市民や利益団体が行政機関の決定に影響を及ぼしたり異議を申し立てたりする機会を提供することにもなる．日本では，1993年に行政手続法が制定され，行政機関が行う許認可などの処分や行政指導などの手続について，行政機関が守るべきルールを定めている．

---

[2] 2014年の国家公務員法等改正では，内閣府に6名以内，復興庁と各省に1名以内の大臣補佐官を置くことができるようになった．このポストは特別職であり，政治家が就任することができる．しかし，2015年1月現在までのところ，大臣補佐官の任命は少数にとどまっている．

予算と法律は，政治家が行政官僚制に委任して実施させる政策内容を事前コントロールする制度である．予算は，各年度において各府省が実施する政策を金銭的に表現したものであり，法律は，各大臣に政策を実施する権限を与え，政策執行段階において取ることのできる行動を規定する，いわば指示・命令の集合である．政治家は，自分たちが望む政策的帰結を生じさせるために，新たな政策のための予算を各府省に配分する．法律は，各省大臣に対して，予算で認められた政策を執行する権限を与え，手続を定め，裁量権を与え，一定の行為を禁止するが，実際にこれらを執行するのは，行政官僚制である．行政官僚制が各省大臣の名において，行政を執行する．そして，現代の行政国家においては，結局，法律とは官僚制が行政を執行するときに，どの程度まで裁量権を行使できるかを定めるルールである．

これらの事前コントロールの制度とは対照的に，事後コントロールの制度は，好ましくない官僚制の行動をただすためのものである．本人の利益を損ねる代理人の行動を事後的に取り消したり，適切に修正したりし，代理人を罰することによって代理人問題を解決するわけであるが，そうしたメカニズムが存在するだけで，代理人は発動されることを予想して，本人の利益を損ねる行動を取らなくなる（Huber 2000）．人事権の行使による昇任・配置転換や予算配分の増減は，そうした事後的メカニズムの手段としても機能する．事後コントロールのためには，代理人である官僚制の行動を監視する必要がある．議院内閣制の諸国では，議会あるいは政府が行政監視の制度を整備している．行政監視のやり方として，本人である政治家が自ら行うものを警察巡回型（police patrol）とよび，一般市民や利益団体などからの通報を受けるものを火災報知器型（fire alarm）とよぶ（McCubbins and Schwartz 1984）．政治家にとって警察巡回型はコストが高く，一般市民や利益団体が監視のコストを負担する

火災報知器型の方が効率的であり，一般市民の支持を得られる点でも効果的である．

　行政監視の方法として各国で広く導入されているオンブズマンは，火災報知器型の制度であり，政府あるいは議会によって任命され，一般市民からの苦情を受けて，調査を行い，公共の利益を守る制度である．また，議会に付属する会計検査機関が，行政の予算執行が適切かどうかをチェックして議会に報告する制度もよく見られる．日本では，国会における国政調査として証人喚問や報告・記録などの資料提出要求が行われるが，これは警察巡回型の制度である．

　第1章で説明したように，競合する本人と競合する代理人とで構成される大統領制においては，競合する代理人が互いに監視し抑制し合う政策プロセスが形成されているので，火災報知器型の事後コントロールのメカニズムが機能しやすいが，代理人の競合が基本的になく単純な委任と責任で構成される議院内閣制では，火災報知器型の事後コントロールは外部の一般市民や利益団体に依存せざるを得ない．また，議会多数派と内閣が同じ政党であるため，警察巡回型の監視は追及の手がゆるむ可能性が高い．したがって，議院内閣制においては，事後コントロールよりも事前コントロールの制度により依存する傾向があるといえよう．

終　章 | 議院内閣制と日本政治

　序章において，なぜ日本の首相がイギリスやドイツの首相に比べて政権の長期的展望を持つことができないのかという問いを立てた．本書では，それに対する答えを各国に共通する議院内閣制の根幹制度のバリエーションのあり方および政治アクターたちの行動に求めた．そして，序章では，日本の首相が長期の展望を持てない理由として，自由な解散権の行使，政権政党の党首選のあり方，参議院選挙，短期的な政局を期待するマス・メディアについて指摘し，さらに，各章において，各国の議院内閣制の制度と比較して日本の制度を相対化することにより，日本の議院内閣制の作動が，他のシステムとは異なるところがあることを明らかにした．

　終章では，日本の議院内閣制の作動の主要な特徴に焦点を絞ってまとめておこう．

　第1章では，日本の議院内閣制が権力分立制と組み合わされているという特徴とその政治的帰結について論じた．一般に，西欧民主政治システムにおける議院内閣制は，有権者―議会―首相（内閣）―大臣―官僚制という委任と責任の連鎖として捉えられ，議会優位と内閣における権力の融合を特徴としているのに対し，日本では権力分立制と組み合わされた国会中心主義および権力分立制と組み合わされた議院内閣制が特徴となっている．このため，議会と内閣の関係が二重になって，一方では国会が内閣に委任し内閣が国会に対して責任を負う通常の議院内閣制の委任―責任関係であるが，他方で，同時にそれが，内閣にコントロールされずに自律的に運営され

る国会と，固有の行政権を行使する内閣として，抑制・均衡の関係に立つ．こうした二重の国会制度は，戦後政治過程に特定の政策的帰結をもたらしている．内閣と行政機関の法制度は，戦前とあまり変わらない形で整備されたため，首相・内閣から大臣，行政官僚制へとつながる委任―責任の連鎖はあまり有効に機能せず，首相・内閣のリーダーシップは弱められた．自民党の1党長期政権期において，閣法の事前審査制が確立し，自民党は首相―内閣を経由せずに，直接，各省官僚制が立案する閣法や政策に対して影響を及ぼすことができた．また，官僚制は関係する地方政府や業界の利益を代表して法案や政策に反映させ，与党の政調会部会レベルで調整を行う分権的・分散的な政策決定過程が確立した．

1990年代の政治改革・行政改革は，こうした戦後日本の議院内閣制を大きく変えるものであった．政治改革は，中選挙区制を廃止して小選挙区比例代表並立制に変更し，政権交代可能な2大政党システムを指向するものであった．橋本内閣の下での行政改革は，首相のリーダーシップの強化を図り，分担管理原則を弱め，中央省庁等改革により，中央省庁のあり方を変えた．これらの制度改革は，議院内閣制の下で首相のリーダーシップを強化して，委任―責任関係を明確にし，行政官僚制に対する政治主導をめざすものであり，世界標準の議院内閣制に近づけるものであった．その結果として，政府与党の政策決定過程にも変化が生じ，また，2009年には民主党への政権交代が起こった．2012年には再び自民党が政権に復帰したが，官邸主導，内閣主導の政治が行われるようになっている．

議院内閣制の根幹制度のバリエーションは，議会と内閣の関係とその作動に現れている．第2章では，内閣の存立，信任関係，解散，立法と2院制に焦点を当てて，日本の議院内閣制の特徴を論じた．内閣は議会の信任にもとづいて存立し，議会で政府提出法案を可決成立させることで，その政策を実施することができる．また，一般

に，首相には議会多数党の党首が就任する．議院内閣制は，理念型として非連邦型国家の1院制における政治システムであり，そこでは，内閣の存立と法案の成立に必要な議会の多数は一致する．しかし，強力な第2院をもつドイツ，オーストラリア，日本の場合には，両者が異なる可能性がある．日本の衆参ねじれ国会は，内閣の存立の条件である衆議院の多数派の支持が確保されているが，衆議院の多数派の支持とともに法案の成立に必要な参議院の多数派の支持が（つねには）得られないことによってもたらされた．内閣の存立の必要条件は，①衆議院（下院）の多数の支持，および，②政権党内の支持，である．日本において近年頻繁な首相の交代が起こったが，その中にはこの2つの条件が満たされているにもかかわらず参院選での敗北や衆参ねじれ国会を理由として辞任した例があった．後継首相は，退陣した首相と同じ苦境に立たされるだけで，首相の交代によって事態は一切改善されない．衆参ねじれ国会および参議院で多数を失うことは，政権の存立とは必ずしも直接的な関係がない．

　内閣と議会の信任関係とは，議会（下院）の多数派と内閣とをつねに一致させる関係であり，与党と内閣の関係である．与党が議会の多数派として内閣をつねに支持していれば，信任関係は揺らがない．野党がしかける内閣不信任決議案も，少数派政権でない限り，可決する可能性はない．ということは，内閣の交代は，総選挙による政権交代を除けば，もっぱら，政権政党内の問題によって生じるということである．したがって，議院内閣制における首相や内閣に対する信任というのは，与野党対立の問題ではなくて，与党内の問題である．この信任関係を逆に用いて，政府の政策や法案に対する与党議員の造反を抑える手続が多くの議院内閣制諸国にはある．すなわち，内閣は，法案や政策に対する議会の採決を内閣に対する信任の問題と宣言することによって，内閣総辞職や解散総選挙を恐れる与党議員を締め付け，政府の方針に従わせることができる．しか

し，この手続は日本には存在しないため，内閣に対する信任と政府法案の成立とは制度的に連動していない．

議院内閣制に特有の解散権は，政治的行き詰まりを打開するため，あるいは政治的好機をつかむために，首相が（事実上）行使する．しかし，イギリスやドイツのように，原則として解散を行わず，下院の任期満了時に総選挙を行う国も多い．多くの国において，解散権の行使は制限されており，首相や内閣の意のままになるとは限らない．日本のように首相が自由な早期解散権を行使できるのは世界の中でむしろ例外的である．他方で，首相の解散権はつねに首相に有利な結果をもたらすとは限らない．自由な解散権の行使の慣行があるばかりに，首相はそれを行使する時期を探し，見つからないときには，首相の権力が低下することになる．首相自身が解散権を封じることで有利になることもあると考えられる．

日本は議院内閣制としては例外的に強い第2院を持っており，衆議院と参議院の議決が異なったときには，衆議院の出席議員の3分の2以上の多数による再可決で法案を成立させることができる．2007-2009年の衆参ねじれ国会では，自公連立政権は衆議院の3分の2以上の多数で再可決することができたが，2010-2012年の衆参ねじれ国会では，民主党中心の連立政権は衆議院の3分の2の議席を持っていなかったので，再可決によって法案を成立させることはできなかった．その場合，法案の成立条件は，両院の多数派が同時に賛成すること（concurrent majority）であり，政権党側は，政府提出法案を野党が許容するまで修正する譲歩を行うことによってしか成立させることができない．自公連立政権と比較すると，民主党政権では閣法の法案成立率が低く，修正率が高い．民主党政権は，国会運営の稚拙さと相まって，ねじれ国会における国会運営に苦しんだということができる．

第3章では，議院内閣制における政党の役割を政権形成および議

会での法案審議について論じた．日本では，1993年の細川内閣以降，ほとんどの内閣が政党の連立政権である．そのうち，少数派内閣は羽田，第2次橋本（初期のみ）両内閣のみであり，それ以外の内閣は，政権形成のために必須である衆議院の過半数を確保するための最小勝利連合，あるいは，衆議院では過大規模であるが参議院の過半数を確保するために必要な連立であることが多い．連立は政党間の議会内協力や選挙協力から発展し，政権合意文書を作成して，政権運営にあたる．各内閣は政権合意に含まれる政策課題を比較的忠実に実施しようとしているが，合意内容と異なる方針をとった場合には，それを不満とする政党が政権離脱する事態に至ることもあった．

議院内閣制における内閣と議会の関係は，機関対機関の関係ではなく内閣と議会を構成する与野党との関係として捉える必要がある．そうすると，議院内閣制においては，内閣との関係を軸とした与野党対立モード，内閣と与党議員の間の与党内モード，内閣と非党派的な議員の間の超党派モード，連立内閣内の与党間モード，そして，与野党協調モードという5つモードが存在し，国によってこれらの重要性が異なっている．現代民主政治のモデルとしてレイプハルトが提案した2つの類型のうち，マジョリテリアン・モデルにおいては，与野党対立モードと与党内モードが重要であり，コンセンサス・モデルにおいては，相対的に与野党協調モードが重要である．イギリス，フランス，アイルランドなどがマジョリテリアン・モデルの例であり，ドイツ，オーストリア，スカンジナビア諸国，イタリアなどがコンセンサス・モデルの例である．日本では，国会中心主義の制度理念のもとで政党各派間の協議にもとづく国会の議事運営が行われ，内閣が直接には関与できない点ではコンセンサス・モデルに近いように見える．しかし，内閣を支える政権党がすべての議事を多数決で進めることが可能であり，政府提出法案の採決にお

いてはコンセンサス・モデルの諸国のような与野党協議にもとづく広範な修正および全会一致による可決は一般的ではなく，政府原案を野党の反対があっても可決する与野党対立モードが優勢である．したがって，日本は戦後の全期間を通してマジョリテリアン・モデルが妥当する．

　第4章では，議会に対して連帯責任を負う合議体としての内閣のあり方が各国で異なる点に注目して，首相と大臣の発言権の格差および政策決定における分担管理と連帯責任のあり方にもとづく議院内閣制の類型について論じた．日本では，首相はイギリスの首相ほど強い権限を持たず，分担管理原則によって各省大臣の自律性の強い行政が行われてきた．しかし，1996年からの行政改革により，内閣の首長としての首相の地位が強調され，首相が閣議で内閣の重要政策に関する基本的な方針に関する議案を発議できることが明示され，内閣における首相のリーダーシップの強化が図られた．そして，中央省庁等改革とともに，首相を支える内閣機能が強化された．内閣官房はこれまでの総合調整機能に加えて新たに企画・立案機能を持ち，組織整備と定員の増加が進行した．また，内閣に内閣府が設置され，内閣の統括の下に置かれる各省よりも上位に位置づけられた．内閣府は，内閣補助事務を任務として内閣官房を助けるとともに，首相の分担管理事務を任務とする．また，内閣官房の事務について首相の指示を受け首相を補佐する内閣の担当大臣と，内閣府の主任の大臣である首相を補佐する特命担当大臣が数多く任命されている．

　首相の毎日の行動や面会者が記録されて新聞に掲載される首相動静データを分析することにより，内閣機能強化の制度改革や民主党への政権交代がどのような変化をもたらしているかを見ることができる．主要各省関係者の首相との面会頻度は，外務省関係がもっとも高く，大蔵・財務，通産・経産両省も比較的高く，2001年の前

終　章　議院内閣制と日本政治

後であまり変化がないが，総理府・内閣府関係は 2001 年を境に明瞭に増加した．大臣のみの面会について見ると，官房長官の面会頻度は全期間を通して他の主要大臣よりも突出して高いが，内閣府の大臣たちの面会頻度が 2001 年以降に主要大臣を上回るようになっている．2009 年からの民主党政権においては，主要大臣との面会頻度が高くなっている．官僚のみについて見ると，1980 年代半ばに内閣官房が整備されて以降，内閣官房官僚は外務官僚と同じレベルの頻度で首相に面会しており，2001 年前後でも変化がないが，2009 年からの民主党政権では面会頻度が大きく落ち込んでいる．主要各省の官僚の面会頻度には顕著な変化はない．これらをあわせて考えれば，2001 年以降の官邸主導とは，内閣府特命担当大臣や内閣の担当大臣が数多く任命され，彼らが頻繁に首相と面会することによって進められたということであり，民主党政権ではそれに加えてさらに官僚が排除されたということである．

　第 5 章では，議院内閣制の委任―責任の連鎖のうち，本人である議会―首相（内閣）―大臣からなる政治家とその代理人である行政官僚制との間の政官関係について論じた．政治家は，自分たちが望む政策を実現するために，官僚制に委任してその専門的知識と技能を活用するが，現代の行政国家においては，行政官僚制に対して政策決定のかなりの裁量権を委ねざるを得ない．行政国家における行政官僚制の裁量権の拡大は，委任―責任の連鎖関係と必ずしも対立・矛盾しないが，行きすぎれば，委任の範囲を超えて権限の移譲あるいは放棄になるかもしれない．官僚制が実質的自律性を認められてほとんどの政策決定権を握ることになれば，選挙で選出されて有権者から委任された政治家たちが政策的帰結にほとんど影響を及ぼす機会がなくなり，民主的な政治システムとはいえなくなる．政治家が官僚制に合理的に委任し広範な裁量権を委ねながら効果的にコントロールすることは，政治家の選好に応答する官僚制が，政治

家の望む政策的帰結をもたらすように行政決定の裁量権を行使するときに可能となる．したがって，政治家が官僚制に広範な裁量権を与える場合，それが政治家にとって好ましくない政策的帰結をもたらす代理人問題が発生しないようにするための制度を，創設したり，活用したりする必要がある．一般に，議院内閣制では，事後コントロールの制度よりも事前コントロールの制度により依存する傾向がある．日本においても，官僚の人事権，行政組織再編，行政手続，予算と法律などの事前コントロール制度が主として用いられ，行政監視の諸制度が事後コントロールの制度として整備されている．また，事前コントロールの諸制度の行使や改正も事後コントロールのメカニズムとして役立っている．

　各国の議院内閣制は，共通する根幹制度のバリエーションのあり方により，それぞれ異なる特徴を持っている．本書では，各国の議院内閣制の制度と比較して日本の制度を相対化することにより，日本の議院内閣制の作動が，他のシステムとは異なるところがあることを明らかにした．こうした特徴は，日本の議院内閣制の制度とその制約の下で行動するアクターとの相互作用がもたらす政治的帰結である．

　現代日本は，かつてない政治変容の時期を経験しており，1993年以降の政治改革・行政改革をはじめとする諸改革は日本の議院内閣制を大きく変えた．これらは，議院内閣制の下で首相のリーダーシップを強化して委任―責任関係を明確にし，行政官僚制に対する政治主導をめざすものであり，世界標準へと近づける改革であった．新しい制度の下で，小泉首相は5年半の間政権を維持したが，その後は，衆参ねじれ国会が生じ，頻繁な首相の交代が生じ，政権交代が2度生じた．同じ議院内閣制の制度の制約の下で，どの政治アクターも全精力を傾けて政治と向き合い，それぞれのアクターにとっ

終　章　議院内閣制と日本政治　199

てもっとも好ましいと考えられる政治的選択を行い，それらの相互作用によって特定の政治過程が帰結するのであるが，政治状況の不確実性や政治的判断の誤りの可能性があれば，最適の政治的帰結には至らない．内閣の存続の必要条件は衆議院の多数の支持および政権党の支持であるが，中にはこの必要条件をみずからこわすような選択を行った政治アクターもいたのであり，こうした選択は，議院内閣制のロジックから考えると理解が難しい．強力な第2院の存在と頻繁な国政選挙も日本の特徴であり，参院選での敗北と衆参ねじれ国会に苦しみ辞任に追い込まれた首相もいた．しかし，これらの状況においては，内閣の存続の必要条件は満たされたままであった．

　2015年現在，頻繁な首相の交代の時期は過ぎて，安倍内閣はしばらく安定するのかもしれない．本書で論じたように，日本の議院内閣制の特徴およびその作動が他のシステムとは異なることは，日本政治のゆくえにとって重要な意味を持っている．日本の政治をよくするために，さらに改革を進める必要があるだろうか．どのような改革を進めたらよいだろうか．本書における議論が，そうした制度改革を構想する際に役立つことを願っている．ただ，その際にとりわけ注意しなければならないことは，制度改革は必ずしも当初期待された問題の解決をもたらすとは限らないことである．というのは，政治的帰結は，つねに，制度的制約の中で選択を迫られる政治アクターたちの戦略的行動のいかんにかかっているのであり，制度が変わればそれと同時にアクターたちにとってもっとも好ましい選択も変化するため，アクターたちはみずからの効用を最大化するために行動選択を変えるからである．制度とアクターの相互作用によって，政治的帰結がもたらされる限り，制度改革が当初期待された解決になるという保証はない．

　どのような改革が提案され，どのような帰結が期待されるかを見極めることは，議院内閣制とその作動に直接かかわる政治アクター

だけでなく，有権者として議院内閣制の委任と責任の連鎖における究極の本人であるわれわれにとっても，重要である．われわれは，本書で論じた日本の政治制度の特徴に注意しながら，政治と向き合い，それぞれが賢明な選択を行っていく必要がある．

参考文献

浅野一郎・河野久．2014．『新・国会事典』第 3 版，有斐閣．
芦田淳．2012．「イタリアの対等な 2 院制下での立法過程をめぐる考察」『北大法学論集』62（6）：265-288．
飯尾潤．2004．「日本における 2 つの政府と政官関係」『レヴァイアサン』34：7-19．
―．2007．『日本の統治構造』中公新書．
五十嵐吉郎．2013．「内閣官房，内閣府の現在：中央省庁等改革から 13 年目を迎えて」『立法と調査』347：54-79．
池上彰．2009．『今日の総理』ビジネス社．
石井五郎・下田久則．1983．『世界の議会 3　ヨーロッパ［1］』ぎょうせい．
伊藤光利．2008．「序論：コア・エグゼクティヴ論の展開」伊藤光利編『政治的エグゼクティヴの比較研究』早稲田大学出版部．
稲継裕昭．2006．「独立行政法人の創設とその成果」『年報行政研究』41：42-59．
今井宏（編）．1990．『イギリス史 2　近世』山川出版社．
宇賀克也．2010．『行政法概説 III』第 2 版，有斐閣．
大石眞．1994．「議院内閣制」樋口陽一編『講座憲法学 5　権力の分立』日本評論社，239-266．
大曲薫．2009．「対称的 2 院制の現在：オーストラリアの場合」国立国会図書館調査及び立法考査局『オーストラリア・ラッド政権の 1 年　総合調査報告書』44-60．
大山礼子．2003．『比較議会政治論』岩波書店．
―．2013．『フランスの政治制度』改訂版，東信堂．
岡田彰．2006．「省庁再編とそのインパクト」『年報行政研究』41：20-41．
岡田信弘．2011．「議院内閣制と政官関係：『政官関係論不在の憲法学』克服の 1 つの試み」『憲法問題』22：67-78．
河島太朗．2012．「イギリスの 2011 年議会任期固定法」『外国の立法』254：4-34．

川人貞史. 1992.『日本の政党政治 1890-1937:議会分析と選挙の数量分析』東京大学出版会.

――. 2004.『選挙制度と政党システム』木鐸社.

――. 2005.『日本の国会制度と政党政治』東京大学出版会.

――. 2008.「衆参ねじれ国会における立法的帰結」『法学』72(4):1-32.

――. 2010.「二重の国会制度モデルと現代日本政治」『レヴァイアサン』46:96-113.

――. 2014.「衆参ねじれ国会と政権の運営」西原博史編『立法学のフロンティア2 立法システムの再構築』ナカニシヤ出版, 111-133.

川人貞史・吉野孝・平野浩・加藤淳子. 2011.『現代の政党と選挙』新版, 有斐閣.

君塚直隆. 1998.『イギリス二大政党制への道:後継首相の決定と「長老政治家」』有斐閣.

京極純一. 1975.「解散の方程式」『読売新聞』1975年10月21日付.

国立国会図書館調査及び立法考査局. 2009.『オーストラリア・ラッド政権の1年 総合調査報告書』.

――. 2012.『各国憲法集(3) オーストリア憲法』.

小堀眞裕. 2012.『ウェストミンスター・モデルの変容』法律文化社.

近藤敦. 1997.『政権交代と議院内閣制:比較憲法政策論』法律文化社.

――. 2001.「不信任決議の合理化と首相の交代:ヨーロッパ諸国との比較」『議会政治研究』58:47-60.

坂野智一. 2006.「ブレアは大統領型首相か」梅川正美・坂野智一・力久昌幸編著『現代イギリス政治』成文堂.

佐藤達夫. 1994.『日本国憲法成立史 第3巻』有斐閣.

信田智人. 2004.『官邸外交』朝日選書.

渋谷秀樹・赤坂正浩. 2003.『憲法2 統治』有斐閣.

衆議院・参議院(編). 1990.『議会制度百年史 議会制度編』大蔵省印刷局.

衆議院事務局. 2003.『平成15年版衆議院先例集』衆栄会.

城山英明. 2006.「内閣機能の強化と政策形成過程の変容:外部者の利用と連携の確保」『年報行政研究』41:60-87.

杉田弘也. 2014.「オーストラリアの2院制:憲法上の規定と現実」『北大法学論集』64(6):123-154.

曽我謙悟．2013．『行政学』有斐閣．
高橋洋．2010．「内閣官房の研究：副長官補室による政策の総合調整の実態」『年報行政研究』45：119-138．
高見勝利．2008．「議院内閣制の意義」『ジュリスト増刊　憲法の争点』有斐閣，218-221．
高安健将．2009．『首相の権力』創文社．
———．2013．「政権交代と議院内閣制」飯尾潤編『政権交代と政党政治』中央公論新社，181-235．
田中一昭．2006．「中曽根行革・橋本行革・小泉行革の体験的比較」『年報行政研究』41：1-19．
田中利幸．2007．「内閣機能強化の現状と今後の課題」『立法と調査』263：3-10．
田中嘉彦．2009．「英国ブレア政権下の貴族院改革：第2院の構成と機能」『一橋法学』8（1）：221-302．
———．2011．「英国における内閣の機能と補佐機構」『レファレンス』2011（12）：121-146．
田丸大．2005．「省庁における法案の作成過程とその変容」『年報行政研究』40：68-86．
辻村みよ子．2003．『比較憲法』岩波書店．
内閣官房．2012．「内閣官房について」『行政改革に関する懇談会（第4回）』提出資料，2012.7.4, http://www.cao.go.jp/sasshin/kondan/meeting/2012/0704/pdf/s1.pdf（2012年7月20日アクセス）．
内閣制度百年史編纂委員会．1985a．『内閣制度百年史　上巻』大蔵省印刷局．
———．1985b．『内閣制度百年史　下巻』大蔵省印刷局．
内閣府．2012．「内閣府について」『行政改革に関する懇談会（第4回）』提出資料，2012.7.4, http://www.cao.go.jp/sasshin/kondan/meeting/2012/0704/pdf/s2.pdf（2012年7月20日アクセス）．
中野実．1996．「政界再編期の立法過程：変化と連続」『レヴァイアサン』18：71-95．
成田憲彦．1988．「議会における会派とその役割：日本と諸外国」『レファレンス』1988（8）：5-43．

西尾勝. 1995.「議院内閣制と官僚制」『公法研究』57: 26-43.
———. 2004.「フランスにおける政治任用」『平成16年度年次報告書』人事院, http://ssl.jinji.go.jp/hakusho/h16/jine200502_2_028.html.
西垣淳子. 2010.「議院内閣制の理念と実態：憲法学と政治学の間で」経済産業研究所, RIETI Discussion Paper Series 10-J-046.
年金記録問題検証委員会. 2007.「年金記録問題検証委員会報告書」, 2007.10.31.
野中俊彦・中村睦男・高橋和之・高見勝利. 2001.『憲法 II』第3版, 有斐閣.
服部龍二. 2014.「連立政権合意文書 1993-2012」『中央大学論集』35: 67-102.
濱野雄太. 2010.「英国の省における大臣・特別顧問」『レファレンス』2010 (2): 131-146.
———. 2014.「フランスの行政府における大臣キャビネ」『レファレンス』2014 (3): 77-100.
樋口陽一. 1978.「議院内閣制の概念」『ジュリスト増刊　憲法の争点』有斐閣, 180-183.
———. 1998.『憲法 I』青林書院.
福元健太郎. 2007.『立法の制度と過程』木鐸社.
藤田宙靖. 2005.『行政組織法』有斐閣.
古川貞二郎. 2005.「総理官邸と官房の研究：体験に基づいて」『年報行政研究』40: 2-23.
古川俊治. 2014.「日本におけるウェストミンスター・モデルの適合性」西原博史編『立法学のフロンティア2　立法システムの再構築』ナカニシヤ出版, 134-154.
前田英昭. 2007.『国会全書 I』慈学社出版.
牧原出. 2005.「『官房』の理論とその論理構造」『年報行政研究』40: 47-67.
増山幹高. 2003.『議会制度と日本政治：議事運営の計量政治学』木鐸社.
———. 2006.「参議院の合理化：2院制と行政権」『公共選択の研究』46: 45-53.
———. 2009.「内閣不信任の政治学：なぜ否決される不信任案が提出されるのか？」日本政治学会編『年報政治学 2009-I：民主政治と政治制度』木鐸

社，79–109.

待鳥聡史．2008．「官邸主導の成立と継続：首相動静データからの検討」『レヴァイアサン』43：22–43.

——．2012．『首相政治の制度分析』千倉書房．

——．2013．「民主党政権下における官邸主導：首相の面会データから考える」飯尾潤編『政権交代と政党政治』中央公論新社，75–102.

松下圭一．1977．「国会イメージの転換を：国民主権の活性化のために」『世界』1977年2月号：37–62.

——．1998．『政治・行政の考え方』岩波新書．

宮沢俊義．1951．「議院内閣制のイギリス型とフランス型：比較法的考察」『比較法雑誌』1（1）：100–123.

毛桂榮．1997．「日本の議院内閣制：類型化分析の試み」『法学研究』62：85–129.

毛利透．2000．「内閣と行政各部の連結のあり方」『公法研究』62：80–92.

——．2014．『統治構造の憲法論』岩波書店．

森田朗．1996．『現代の行政』日本放送出版協会．

——．2004．「イギリスとドイツにおける政治任用の実態」『平成16年度年次報告書』人事院，http://ssl.jinji.go.jp/hakusho/h16/jine200502_2_022.html.

山口二郎．2007．『内閣制度』東京大学出版会．

山田邦夫．2013．「英国貴族院改革の行方：頓挫した上院公選化法案」『レファレンス』2013（4）：25–45.

山谷清志．2005．「外務省大臣官房の政策管理機能：総合外交政策局とのデマケーション」『年報行政研究』40：24–46.

吉本紀．2011．「国の行政組織編成権の分配」『レファレンス』2011（11）：7–29.

——．2012．「日本国憲法と内閣法の間」『レファレンス』2012（11）：5–27.

Andeweg, Rudy B. 1997. "Collegiality and Collectivity: Cabinets, Cabinet Committees, and Cabinet Ministers." In *The Hollow Crown: Countervailing Trends in Core Executives*, eds. Patrick Weller, Herman Bakvis, and R. A. W. Rhodes. New York: St. Martin's Press, 58–83.

———. 2000. "Ministers as Double Agents? The Delegation Process between Cabinet and Ministers." *European Journal of Political Research* 37: 377-395.

———. 2013. "Parties in Parliament: The Blurring of Opposition." In *Party Governance and Party Democracy*, eds. Wolfgang C. Müller and Hanne Marthe Narud. New York: Springer, 99-114.

Andeweg, Rudy B., and Lia Nijzink. 1995. "Beyond the Two-Body Image: Relations between Ministers and MPs." In *Parliaments and Majority Rule in Western Europe*, ed. Herbert Döring. Frankfurt/Main: Campus Verlag, 152-178.

Andeweg, Rudy B., Lieven De Winter, and Wolfgang C. Müller. 2008. "Parliamentary Opposition in Post-Consociational Democracies: Austria, Belgium and the Netherlands." *The Journal of Legislative Studies* 14 (1-2): 77-112.

Australian Government, Office of the Prime Minister and Cabinet. 2012. *Cabinet Handbook*, 7th edition.

Axelrod, Robert. 1970. *Conflict of Interest: A Theory of Divergent Goals with Applications to Politics*. Chicago: Markham.

Bagehot, Walter. 1867. *The English Constitution*. London: Henry S. King & Co.

Bailey, Sydney D. 1966. *British Parliamentary Democracy*, 2nd ed. Boston: Houghton Mifflin Company.

Bergman, Torbjörn, Wolfgang C. Müller, Kaare Strøm, and Magnus Blomgren. 2003. "Democratic Delegation and Accountability: Cross-national Patterns." In *Delegation and Accountability in Parliamentary Democracies*, eds. Kaare Strøm, Wolfgang C. Müller, and Torbjörn Bergman. New York: Oxford University Press, 109-220.

Blick, Andrew, and George Jones. 2010. *Premiership: The Development, Nature and Power of the Office of the British Prime Minister*. Exeter: Imprint Academic.

Cabinet Office, Department of the Prime Minister and Cabinet. 2008. *Cabinet Manual*. Wellington, New Zealand.

Cabinet Office. 2010. *Ministerial Code*. United Kingdom Government.
——. 2011. *Cabinet Manual*. United Kingdom Government.
Capano, Giliberto, and Marco Giuliani. 2001. "Governing without Surviving? An Italian Paradox: Law-Making in Italy, 1987–2001." *The Journal of Legislative Studies* 7 (4): 13–36.
Christiansen, Flemming Juul, and Erik Damgaard. 2008. "Parliamentary Opposition under Minority Parliamentarism: Scandinavia." *The Journal of Legislative Studies* 14 (1–2): 46–76.
Cotta, Maurizio, and Luca Verzichelli. 2007. *Political Institutions in Italy*. Oxford: Oxford University Press.
Cox, Gary W. 1987. *The Efficient Secret: The Cabinet and the Development of Political Parties in Victorian England*. Cambridge: Cambridge University Press.
Crossman, Richard. 1963. "Introduction." In *The English Constitution*, Walter Bagehot. London: Collins.
De Swaan, Abram. 1973. *Coalition Theories and Cabinet Formations*. Amsterdam: Elsevier.
Dewan, Torun, and Arthur Spirling. 2011. "Strategic Opposition and Government Cohesion in Westminster Democracies." *American Political Science Review* 105 (2): 337–358.
De Winter, Lieven, and Patrick Dumont. 2006. "Parties into Government: Still Many Puzzles." In *Handbook of Party Politics,* eds. Richard S. Katz and William Crotty. London: Sage Publications, 175–188.
Dunleavy, Patrick, and R. A. W. Rhodes. 1990. "Core Executive Studies in Britain." *Public Administration* 68 (1): 3–28.
Dymond, Glenn, and Hugo Deadman. 2006. *The Salisbury Doctrine*. House of Lords Library, Library Note, LLN 2006/006.
Federal Ministry of the Interior. 2002. *Modern State – Modern Administration: Joint Rules of Procedure of the Federal Ministries*.
Gallagher, Michael, Michael Laver, and Peter Mair. 2011. *Representative Government in Modern Europe*, 5th ed. London: McGraw-Hill.
Government Offices of Sweden. 2013a. *How Sweden is Governed*.

———. 2013b. *Fact & Figures: Swedish Government Offices Yearbook 2012*.

Heffernan, Richard. 2005. "Exploring (and Explaining) the British Prime Minister." *The British Journal of Politics & International Relations* 7 (4): 605–620.

Heun, Werner. 2011. *The Constitution of Germany: A Contextual Analysis*. Oxford: Hart Publishing.

Huber, John D. 1996a. "The Vote of Confidence in Parliamentary Democracies." *American Political Science Review* 90 (2): 269–282.

———. 1996b. *Rationalizing Parliament: Legislative Institutions and Party Politics in France*. Cambridge: Cambridge University Press.

———. 2000. "Delegation to Civil Servants in Parliamentary Democracies." *European Journal of Political Research* 37: 397–413.

Huber, John D., and Charles R. Shipan. 2002. *Deliberate Discretion? The Institutional Foundations of Bureaucratic Autonomy*. Cambridge: Cambridge University Press.

James, Simon. 1992. *British Cabinet Government*. London: Routledge.

Kaiser, André. 2008. "Parliamentary Opposition in Westminster Democracies: Britain, Canada, Australia and New Zealand." *The Journal of Legislative Studies* 14 (1–2): 20–45.

Kiewiet, D. Roderick, and Mathew D. McCubbins. 1991. *The Logic of Delegation*. Chicago: University of Chicago Press.

King, Anthony. 1976. "Modes of Executive-Legislative Relations: Great Britain, France, and West Germany." *Legislative Studies Quarterly* 1 (1): 11–36.

Knapp, Andrew, and Vincent Wright. 2006. *The Government and Politics of France*, 5th ed. London and New York: Routledge.

Krehbiel, Keith. 1998. *Pivotal Politics: A Theory of U.S. Lawmaking*. Chicago: University of Chicago Press.

Kristjánsson, Svanur. 2003. "Iceland: A Parliamentary Democracy with a Semi-Presidential Constitution." In *Delegation and Accountability in Parliamentary Democracies*, eds. Kaare Strøm, Wolfgang C. Müller, and Torbjörn Bergman. New York: Oxford University Press, 399–

417.

Laver, Michael, and Kenneth Shepsle. 1996. *Making and Breaking Governments: Cabinets and Legislatures in Parliamentary Democracies*. Cambridge: Cambridge University Press.

Leiserson, Michael Avery. 1966. *Coalitions in Politics: A Theoretical and Empirical Study*. Ph.D. Dissertation, Yale University.

Lijphart, Arend. 2012. *Patterns of Democracy,* 2nd ed. New Haven & London: Yale University Press.［粕谷祐子・菊池啓一訳『民主主義対民主主義：多数決型とコンセンサス型の36カ国比較研究［原著第2版］』勁草書房，2014］

Linz, Juan J. 1994. "Presidential or Parliamentary Democracy: Does It Make a Difference?" In *The Failure of Presidential Democracy: Comparative Perspectives*, eds. Juan J. Linz and Arturo Valenzuela. Baltimore: The Johns Hopkins University Press, 3–87.［中道寿一訳『大統領制民主主義の失敗』南窓社，2003，15–138］

Lupia, Arthur, and Mathew D. McCubbins. 2000. "Representation or Abdication? How Citizens Use Institutions to Help Delegation Succeed." *European Journal of Political Research* 37: 291–307.

MacDonald, Nicholas A., and James W. J. Bowden. 2011. "The Manual of Official Procedure of the Government of Canada: An Exposé." *Constitutional Forum Constitutionnel* 20 (1): 33–39.

Malcolmson, Patrick, and Richard Myers. 2012. *The Canadian Regime*, 5th ed. North York: University of Toronto Press.

Mattson, Ingvar, and Kaare Strøm. 1995. "Parliamentary Committees." In *Parliaments and Majority Rule in Western Europe*, ed. Herbert Döring. New York: St. Martin's Press, 249–307.

McCubbins, Mathew D., and Thomas Schwartz. 1984. "Congressional Oversight Overlooked: Policy Patrols versus Fire Alarms." *American Journal of Political Science* 28: 167–179.

Moe, Terry M., and Michael Caldwell. 1994. "The Institutional Foundations of Democratic Government: A Comparison of Presidential and Parliamentary Systems." *Journal of Institutional and Theoretical*

Economics 150 (1): 171–195.

Moury, Catherine. 2011. "Coalition Agreement and Party Mandate: How Coalition Agreements Constrain the Ministers." *Party Politics* 17 (3): 385–404.

Müller, Wolfgang C., and Kaare Strøm. 2008. "Coalition Agreements and Cabinet Governance." In *Cabinets and Coalition Bargaining*, eds. Kaare Strøm, Wolfgang C. Müller, and Torbjörn Bergman. Oxford: Oxford University Press, 159–200.

Newell, James L. 2010. *The Politics of Italy: Governance in a Normal Country*. Cambridge: Cambridge University Press.

Norton, Philip. 2008. "Making Sense of Opposition." *The Journal of Legislative Studies* 14 (1–2): 236–250.

Nyblade, Benjamin. 2011. "The 21st Century Japanese Prime Minister: An Unusually Precarious Perch." *Shakai Kagaku Kenkyu* 62 (1): 195–209.［松田なつ訳「首相の権力強化と短命政権」樋渡展洋・斉藤淳編『政党政治の混迷と政権交代』東京大学出版会, 2011, 245–261］

Poguntke, Thomas, and Paul Webb. 2005. *The Presidentialization of Politics: A Comparative Study of Modern Democracies*. Oxford: Oxford University Press.

Rhodes, R. A. W. 1995. "From Prime Minister to Core Executive." In *Prime Minister, Cabinet and Core Executive*, eds. R. A. W. Rhodes and Patrick Dunleavy. New York: St. Martin's Press, 11–37.

Riker, William H. 1962. *The Theory of Political Coalitions*. New Haven: Yale University Press.

Saalfeld, Thomas. 2003. "Germany: Multiple Veto Points, Informal Coordination, and Problems of Hidden Action." In *Delegation and Accountability in Parliamentary Democracies*, eds. Kaare Strøm, Wolfgang C. Müller, and Torbjörn Bergman. New York: Oxford University Press, 347–375.

―――. 2012. "Economic Performance, Political Institutions and Cabinet Durability in 28 European Parliamentary Democracies, 1945–2011." In *Party Governance and Party Democracy*, eds. Wolfgang C. Müller and

Hanne Marthe Narud. New York: Springer, 51–80.

Sartori, Giovanni. 1997. *Comparative Constitutional Engineering: An Inquiry into Structures, Incentives and Outcomes*. 2nd ed. Basingstoke: Macmillan.［岡沢憲芙監訳・工藤裕子訳『比較政治学：構造・動機・結果』早稲田大学出版部, 2000］

Schmidt, Manfred G. 2003. *Political Institutions in the Federal Republic of Germany*. Oxford: Oxford University Press.

Smith, Alastair. 2004. *Election Timing*. Cambridge: Cambridge University Press.

Smith, Martin J. 1999. *The Core Executive in Britain*. New York: St. Martin's Press.

Strøm, Kaare. 1990. *Minority Government and Majority Rule*. Cambridge: Cambridge University Press.

——. 2000. "Delegation and Accountability in Parliamentary Democracies." *European Journal of Political Research* 37: 261–289.

Strøm, Kaare, and Wolfgang C. Müller. 1999. "Political Parties and Hard Choices." In *Policy, Office, or Votes? How Political Parties in Western Europe Make Hard Decisions*, eds. Kaare Strøm and Wolfgang C. Müller. Cambridge: Cambridge University Press, 1–35.

——. 2010. "Ties That Bind: Coalition Agreements in Parliamentary Democracies." Paper prepared for the Conference on Democracy and Political Institutions at the University of Tokyo, 22 November 2010.

Strøm, Kaare, and Stephen M. Swindle. 2002. "Strategic Parliamentary Dissolution." *American Political Science Review* 96（3）: 575–591.

Todd, Alpheus. 1892. *Parliamentary Government in England: Its Origin, Development, and Practical Operation*, vols. 1 and 2, new ed., abridged and revised by Sir Spencer Walpole. London: Sampson Low, Marston & Company.

Tsebelis, George. 2000. "Veto Players and Institutional Analysis." *Governance* 13（4）: 441–474.

——. 2002. *Veto Players: How Political Institutions Work*. New York: Russell Sage Foundation and Princeton University Press.

Tsebelis, George, and Jeannette Money. 1997. *Bicameralism*. Cambridge: Cambridge University Press.

von Beyme, Klaus. 1987. "Parliamentary Oppositions in Europe." In *Opposition in Western Europe*, ed. Eva Kolinsky. London: Croom Helm, 30–47.

——. 2000. *Parliamentary Democracy: Democratization, Destabilization, Reconsolidation, 1789–1999*. London: Macmillan Press.

Ward, Alan J. 2014. *Parliamentary Government in Australia*. New York: Anthem Press.

あとがき

　本書は,「シリーズ日本の政治」の第1巻として,刊行される.シリーズの編者として刊行が始まることを,うれしく思っている.日本政治のそれぞれの専門領域で活躍している10名の方々を執筆者として迎えることができたことは,幸いであった.とはいえ,私は,私よりほんの少し若いシリーズ各巻の執筆者諸氏の中にまじって,ほんの少しだけ年長の者として御神輿に乗った気分である.増山幹高,山田真裕の両氏には,最初の企画段階から長期にわたって積極的に関わっていただき,さらに待鳥聡史氏に加わっていただいたことで,企画の大要が固まり,東京大学出版会の奥田修一氏の支援によって,このような形での刊行がかなった.本シリーズがこれまで編まれたいくたの叢書の中で一段と際立つ存在になることを願ってやまない.

　議院内閣制について執筆したいという気持ちは,日本の議会の政治制度の分析と選挙の数量分析を,戦前から戦後,そして現在へと進めてきた私にとって,ある意味では当然の次のステップである(川人1992, 2004, 2005).前著『日本の国会制度と政党政治』においては,国会中心主義と議院内閣制という制度理念の矛盾・対立に焦点を当て,戦後政治過程における長期的な変化を分析した.本書は,前著と共通の枠組みによりながら軸足を国会から内閣に少し移動させ,議院内閣制の理論,内閣と議会や政党との関係,内閣の運営・組織,政官関係などについて論じている.大学生・大学院生にはテキストとして,社会人の方には一般教養書として,そして,政治を専門職業とする方々およびマス・メディアの方々には日本政治の基礎的知識の整理のための書として,読んでいただけるよう心がけた.

日本の議院内閣制について分析するためには，比較政治学的なアプローチをとって，日本を相対化することが必要である．そのため，各国の議院内閣制に関する比較政治学の研究やテキストを参照し，憲法，公刊されている政府運営の規則，慣行などについても必要な限り調べ，その特徴を比較するとともに日本について理論的実証的に分析することをめざした．私は本来，政治学の理論的実証的研究を専門としており，日本政治を主として研究している．したがって，日本政治については優位性があると思うが，各国政治制度を専門的に研究しているわけではないので，そちらについては比較政治研究における業績に負うところが大きい．渡辺浩先生は『日本政治思想史』（東京大学出版会，2010）のあとがきで「既発表の拙稿を遠慮無く再利用した」と書かれているが，私は，既発表の拙稿だけでなく，多くの比較政治研究者たちの既発表の研究を遠慮なく引用したということである．

　2009年に東北大学から東京大学に転任して以来，6年間が経過した．その間にすでに3度の衆議院議員総選挙と2度の参議院議員通常選挙があり，そして，東日本大震災があった．政権は自公連立政権から民主党中心の連立政権に代わり，そして，また，自公政権へと揺れ戻った．仙台に自宅を残している私は，被災地からの視点も合わせ持っているので，震災復興にとって現代日本の議院内閣制の作動がいかに大きな影響をもつかを実感している．この6年間に学部と大学院で行ってきた日本政治講義と政治過程論演習の中で，その時々の政治状況や政局の解説・分析を織り交ぜてきたが，本書の一部は，その産物ともいえる．

　本書を執筆するにあたって，日本学術振興会科学研究費補助金基盤研究（S）「政策情報公開の包括化・国際化・ユニバーサル化」（代表：増山幹高，2010～2014年度），基盤研究（B）「議事運営と議会活性化」（代表：待鳥聡史，2012～2014年度），基盤研究（C）

「現代日本の議院内閣制に関する理論的・実証的研究」(川人貞史, 2012〜2014 年度) の補助を受けている.

　最後になるが, 奥田修一氏には, 本書についても, 周到にかつ丁寧に編集作業を進めていただいたことを感謝したい. 奥田氏とやりとりを繰り返しながら, 企画・編集・執筆の作業を楽しく進めることができた.

　2015 年 3 月

川人　貞史

索 引

ア 行

アイスランド 71, 79-80, 82, 124, 146
アイルランド 68, 71, 80, 84, 131, 146, 195
麻生太郎 3, 50, 56-57, 63, 78, 119, 121, 123
安倍晋三 2-3, 49, 52, 56, 58, 62-63, 78, 86-87, 119, 121-123, 162, 165-166
アベノミクス 87
アボット(Abbott, Tony) 59
アメリカ 21, 29, 32
アン女王(Anne) 13-14
委員会中心主義 136
イギリス 1-2, 5, 11-19, 21, 23-25, 32, 54, 56-58, 60-61, 64-67, 71, 80, 82, 84, 88-89, 94, 124, 126-128, 130, 141-145, 147-151, 186-188, 191, 194-195
池田勇人 74
イスラエル 68
イタリア 21, 55, 67-68, 71, 80-82, 92-93, 95, 118, 124, 128, 134-135, 195
1院制 54, 193
一事不再議原則 76
一括投票 131
委任—(と)責任の連鎖 7, 26-33, 139-140, 177, 180, 191-192, 197
犬養毅 37
ウィリアム3世(William III) 12-13
ウィリアム4世(William IV) 16
ウィンセット 102
ウェストミンスター・モデル 127-128
→マジョリテリアン・モデルも参照
ウェリントン公爵(Wellington, Duke of) 15
ウォルポール(Walpole, Robert) 14-16

宇野宗佑 58
エージェンシー・ロス 30, 32-33, 140, 143, 185 →代理人(問題)も参照
欧州連合 →EU
大蔵省(大蔵・財務官僚) →財務省
大平正芳 61, 74
小沢一郎 4, 65, 100-101
オーストラリア 58-59, 67, 71, 80, 83, 89-92, 95, 193
オーストリア 80, 82, 89-90, 124, 128, 132-133, 142, 146, 195
小渕恵三 98-99, 107, 118-123
オランダ 24, 71, 80, 83, 118, 124, 128, 132-133, 141-142, 146
オンブズマン 190

カ 行

解散 18, 22-24, 35-36, 57, 63, 68-71, 74, 77-84, 86, 192-193
　早期—— 77, 79, 84-88, 194
　両院—— 91-92
解散権 6, 17, 22-24, 77, 194
　自由な——(の行使) 5, 77-79, 88, 191, 194
海部俊樹 58
外務省(外務官僚) 171-172, 175-176, 196-197
下院 →衆議院
閣議 12-13, 41, 142, 146, 148-152, 155
閣議人事検討会議 187
各省政策会議 51
各省大臣 →大臣
閣法(内閣提出法案) 41, 43-46, 135-137, 194

索 引　217

閣僚　173-175　→大臣も参照
　　──任免権　141, 145, 152, 155
　　──ポスト配分(モデル)　114-116
隠れた行動　→情報問題
隠れた情報　→情報問題
過大規模連合(内閣)　112-113, 119-121
カナダ　24, 67, 71, 80, 83, 89
カーボン・コピー論　97
官邸(首相官邸)　161, 170, 174, 176
官邸記者クラブ　169
官邸主導　161, 169-170, 173-176, 187-188, 192, 197
菅直人　3-4, 51, 56-57, 59, 61-62, 65, 74-75, 99-100, 119, 121, 123, 172, 175-176
官僚(制)　46-47, 49, 149, 153, 175-183, 189, 192, 197
　　──の裁量権　178, 180-183, 189, 197-198
　　──の政治的コントロール　182-190
官僚内閣制　46-48
議院内閣制
　　──と大統領制　19-33
　　──の起源と発展　11-19
　　──の根幹制度　6
　　──の特質　19-26
　　──の類型　139-144
　　──のロジック　65, 199
　一元型──　13
　解散権のない──　22-23
　権力分立制と組み合わされた──　40-42, 191
　国会中心主義と──　37
　二元型──　13
議員立法　42-46, 135-136, 138, 185
議運(議院運営委員会)　44-45, 135
消えた年金記録問題　3, 184
議会法(イギリス)　88-89, 94
議会(の)優位　6, 18, 37, 191

企画(・立案・総合調整)　157-158, 167-168, 196
議事運営　25, 39, 41-44, 99, 135
岸信介　74
議事妨害　75-76
議場　124
貴族院(イギリス／日本)　35-36, 88-89
議題設定権　146
決められない政治　4, 100
逆選択　184
キャメロン(Cameron, David)　1, 67, 89, 147
キャラハン(Callaghan, James)　61
行政改革　48, 154-156, 188, 192
行政改革会議　48-49, 156
行政監視　189-190, 198
　火災報知器型──　189-190
　警察巡回型──　189-190
行政国家　178-179, 181-183, 197
行政刷新会議　168
行政組織再編／編成権　29, 141, 145-146, 188, 198
行政手続　188, 198
拒否権プレイヤー　116
ギラード(Gillard, Julia)　59
ギリシャ　24, 68, 80, 82, 128, 146
均衡本質説　23
金銭法案　88-89
クレッグ(Clegg, Nick)　1, 67
クロスマン(Crossman, Richard)　17, 148
ケアテイカー内閣　82
経産省(経済産業省／通産省[通商産業省]／通産・経産官僚)　172, 176, 196
権限(の)移譲　180, 182, 197
元首(国王／女王／総督)　20-21, 67-68, 79-80, 83-84, 91-92, 130, 147-148
兼職　24-25

憲政常道　36
建設的不信任（決議）　23, 69, 82-83
憲法（日本国憲法）　37-39, 54, 151-153
権力の二重構造　46, 49-50
権力分立制　25, 37, 191
権力（の）融合　7, 19, 24, 37
コア・エグゼキュティブ（・モデル）
　　149-151　→政権中枢も参照
コアビタシオン　22
小泉純一郎　3, 49, 56, 58, 62, 71, 74, 86, 119, 121-122, 172, 174-176
公明党　4, 87, 99-100, 108, 119-121
合理化された議会主義　131
合理的な委任　182
国王　→元首
国事行為　23, 77, 80, 86
国政調査（権）　29, 43, 190
国民新党　119, 121-123
国務大臣　→大臣
国家安全保障局　160
国会運営　44-45, 63, 75, 98
国会改革　48
国会審議活性化法　48-49
国会中心主義　38-39, 41-45, 135, 195
　　——の政策的帰結　43-44
　　——の制度的帰結　42
　　——の手続的帰結　42-44
　　権力分立制と組み合わされた——
　　　40-42, 191
国家行政組織法　153-154, 188
国家公務員制度改革関連法　187
国家公務員制度改革基本法　187
国家戦略室　168
国権の最高機関　38
固定任期議会法（イギリス）　1, 24, 80, 82, 148
コール（Kohl, Helmut）　71
コンセンサス（・モデル）　95, 127-131, 133-138, 195

サ　行

西園寺公望　37
再可決　26, 50, 94, 96, 99, 103-108, 137, 194
　　——（の）コスト　103-105
宰相　20, 69-71
宰相原則　144
財務省（大蔵省／大蔵・財務官僚）　172, 176, 196
裁量権　→官僚（制）
さきがけ（新党さきがけ）　61, 118-120
サッチャー（Thatcher, Margaret）　58, 64, 84, 150-151
参議院　49, 98
　　——の選挙制度　97
　　——無用論　97
　　強い——（論）　94, 97
参議院（通常）選挙（参院選）　5, 58, 62, 78, 191
3党合意　3, 87, 101
指揮監督権　→首相
事後コントロール　185-186, 189-190, 198
事前（の）コントロール　32, 185-186, 188-190, 198
事前審査（制）（政府提出法案／閣法の）
　45-46, 49, 137, 192
私的情報　→情報問題
自民党（自由民主党）　2, 4, 45-48, 51-52, 58, 87, 97-100, 104, 108, 118-121, 123, 192
　　——政調会（政務調査会）（部会）　45, 48, 192
事務次官　46, 160, 187
事務次官等会議　47, 50
社会保障と税の一体改革　4, 100
社民党（社会民主党／社会党［日本社会党］）　57, 61, 98, 118-123

索引

衆議院(下院)　20, 35-36, 54, 60, 63, 65, 77, 137
　　——の選挙制度　96
　　——の優越規定　94, 96
衆議院(議員)選挙(衆院選／総選挙)　2, 57, 60, 62, 67, 74, 77, 86
修正協議　→法案の修正(協議)
自由党　98-99, 119-121, 123
柔軟化定数　162
就任時信任投票　21, 66-68, 82
首相　15-16, 33-34, 36, 54, 141-144, 147-149, 154-157, 168
　　——指名選挙　20, 66
　　——の権限(強化)　144-147, 155
　　——の指揮監督権　41, 142-143, 146, 155
　　——の辞任(の制度的理由)　57-62
　　——の発議権　49, 142, 156-157, 196
首相官邸　→官邸
首相主導　169
首相動静　169-170, 196
首相統治モデル　148-150
主任の大臣　→大臣
シュレーダー(Schröder, Gerhard)　71
消極的議会主義　68, 133
少数派内閣　113-114, 129, 133
小選挙区比例代表並立制　48, 96-97, 118, 121, 192
情報問題(隠れた行動／隠れた情報／私的情報／不確実性)　117, 183-184
勝利連合　112-113, 119, 121
女王　→元首
ジョージ1世(George I)　13-14
ジョージ3世(George III)　14, 16
庶民院(イギリス)　14-18, 20-21, 124
人事権　185-186, 189, 198
新進党　118-119
新制度論　6-7
新党さきがけ　→さきがけ

信任(関係／問題)　6, 18-20, 54, 61-76, 192-193
信任決議案　→内閣
信任投票手続　71-72, 131
スウェーデン　24, 68, 71, 79, 82-83, 124, 128, 134, 143
枢密院(イギリス／日本)　12, 34
スカンジナビア　126, 129, 133, 195
鈴木善幸　58
スペイン　67-69, 71, 79, 81, 83, 146
政官関係　26, 177, 197
政権合意(文書)　114-118, 122-123, 195
政権中枢　150　→コア・エグゼキュティブ(・モデル)も参照
政権(政)党　→与党
政策決定の政府一元化　50-51
政策調査会　→民主党
政治家　178-182, 197
政治改革(関連法[案])　48, 118, 122, 192
政治(家)主導　50, 174, 180-181, 188, 192, 198
政治的官吏　186
政治的コントロール　→官僚(制)
政調会(政務調査会)　→自民党
政党の目的　110-111, 117
政党内閣(政党政府)　7, 35-37, 109
政府・与党二元体制　50
責任内閣(制)　7, 14
責任本質説　23-24
積極的議会主義　68
全会一致(の慣行)　44-45, 53, 116, 130, 132-137, 141, 146, 152
総合調整　→企画(・立案・総合調整)
総辞職　→内閣
総選挙　→衆議院(議員)選挙(衆院選)
総督　→元首
総理府　→内閣府
ソールズベリ・ドクトリン　89

タ 行

対称的2院制 →2院制
大臣 12, 173, 175 →閣僚も参照
　各省―― 34, 142, 165
　国務―― 34, 142, 153
　主任の―― 142, 153
　内閣の担当―― 144, 165-167, 169, 175-176, 196-197
　内閣府特命担当―― 144, 165, 168-169, 175-176, 196-197
　無任所―― 142
大臣キャビネ 186
大統領 67, 69, 80-81, 84
　――拒否権 26
大統領化 150
大統領制 29
大日本帝国憲法 →明治憲法(体制)
代表民主政治 27
代理人(問題) 30, 32, 184-185, 189, 198
　→エージェンシー・ロスも参照
多極共存型デモクラシー 128, 132
多数主義的 127 →マジョリテリアン・モデルも参照
脱官僚依存 50
中央省庁等改革(基本法) 49, 144, 156, 167, 169, 171, 187-188, 192, 196
超然内閣 35-36
超党派モード 124-126, 195
直接民主政治 27
陳情 51
通産省(通商産業省／通産・経産官僚) →経産省
通常選挙 →参議院選挙(参院選)
ディズレーリ(Disraeli, Benjamin) 17
伝家の宝刀 86-87
デンマーク 24, 68, 71, 79, 83, 124, 128, 134, 141, 146
ドイツ 1-2, 5, 20, 23, 54, 66, 69-71, 81, 83, 89-90, 94-95, 124-126, 128, 131, 141-142, 144, 146, 186-188, 191, 193-195
党議拘束(党規律) 18, 125, 136
党首選(挙) 5, 58-59, 61, 191
同輩中の首席 34, 140, 144
トーリー党(イギリス) 12-14, 16
特別顧問 186
特別選挙 79, 83
特命担当大臣 →大臣
ド・ゴール(de Gaulle, Charles) 82

ナ 行

内閣 16-19, 53
　――機能(の)強化 155-156, 167, 169-171, 196
　――信任決議案 63-64, 70-71, 74-76, 81, 83
　――総辞職 17-18, 36, 54, 57, 63, 74, 81-84, 193
　――の権限 152-153
　――(政権)の存立 54-63, 192-193
　――不信任(決議[案]) 4, 35-36, 57, 60-65, 68-78, 80-84, 100, 193
　合議体の―― 7, 21, 140, 149
内閣委員会 142, 148-151
内閣官制 34
内閣官房(内閣官房官僚) 156-165, 167-169, 175-176, 196-197
内閣官房長官 160, 173-175, 197
内閣官房副長官 160
内閣官房副長官補 160, 162
内閣危機管理監 160
内閣広報官 160
内閣サイバーセキュリティセンター 160-161
内閣執務提要 147-148
内閣主導 161, 192
内閣情報官 160
内閣情報通信政策監 160

内閣職権　33
内閣人事局　160, 187
内閣総務官　160
内閣総理大臣補佐官　161
内閣提出法案　→閣法
内閣統治モデル　148-150
内閣の担当大臣　→大臣
内閣府(総理府)　144, 154, 158, 167-169, 171-173, 175-176, 196-197
内閣府設置法　154, 188
内閣府特命担当大臣　→大臣
内閣法　25, 38, 41, 49, 153, 155-157, 160-161, 165, 177, 188
内閣補助事務　144, 154, 157, 165, 167, 196
中曽根康弘　58, 74
2院制　88-108, 192
　対称的——　94-96
　非対称的——　94
二重の国会制度(モデル)　41-42, 192
日本国憲法　→憲法
日本社会党　→社民党(社会民主党／社会党)
ニュージーランド　67, 71, 79-80, 82, 127
ねじれ(国会／現象)　50, 56, 58, 62-63, 70, 74, 87, 95, 97-108, 137, 193-194, 198
ノース卿(North, Lord)　15
野田佳彦　3-4, 51, 56-57, 62-63, 78, 100-101, 119, 121, 123, 162, 172, 175
ノルウェー　23-24, 68, 71, 79, 81, 124, 128, 134, 146

ハ　行
橋本龍太郎　58, 98, 118-120, 122, 154-156, 187-188, 192, 195
バジョット(Bagehot, Walter)　16-17
羽田孜　57, 61, 74, 118-119, 195
バック・ベンチ(バックベンチャー)　64, 124, 130
鳩山一郎　74
鳩山由紀夫　3, 50, 56, 58, 62, 99, 119, 121, 123, 172, 175
ハノーファー朝　13, 15
原敬　36
バルバドス　127
半大統領制　22
東日本大震災　100, 184
非対称的2院制　→2院制
ピット(Pitt, William[the Younger])　14, 16
ピール(Peel, Robert)　16
フィンランド　68, 71, 80, 82, 124, 128
不確実性　→情報問題
福島瑞穂　123
福田赳夫　58, 61
福田康夫　3, 50, 56, 58, 62-63, 70, 75, 78, 119, 121, 123, 176
不信任(決議[案])　→内閣
ブラウン(Brown, Gordon)　1, 89
フランス　22-24, 54, 68, 71-72, 80-82, 92, 124, 126, 128, 131, 142, 146, 186, 195
ブラント(Brandt, Willy)　71
プリンシパル・エージェント・モデル(本人・代理人モデル)　26, 30
ブレア(Blair, Tony)　64, 89, 147, 150-151, 186
フロント・ベンチ　19, 124
分担管理(原則／事務)　41, 140-144, 153-157, 167, 177, 192, 196
ペラム(Pelham, Henry)　14
ベルギー　24, 68-69, 71, 79, 81, 83, 92-93, 118, 124, 128, 132-133, 186
法案の修正(協議)　43, 104, 107-108, 129-130, 132, 135, 137, 194
法案否決による利益　104-105
ホウィッグ党(イギリス)　12-16
法律(案)成立の要件　55-56, 96, 101-102,

193
細川護熙 48, 118-119, 122, 174, 195
ポルトガル 68, 71, 80, 82, 146
本人・代理人モデル →プリンシパル・エージェント・モデル
ポンピドゥ(Pompidou, Georges) 82

マ 行

マジョリテリアン・モデル 127-130, 135-136, 138, 195-196 →ウェストミンスター・モデルも参照
マーストリヒト条約 66, 71
マス・メディア 4-5, 191
マッカーサー草案 38, 93
マルタ 128
三木武夫 57, 74
宮沢喜一 57, 70, 74
民主党 3-4, 50-52, 58, 61, 65, 78, 87, 98-101, 106-108, 119, 121-123, 172-173, 175-176, 197
──政策調査会 50-52
無任所大臣 →大臣
村山富市 118-120, 174
明治憲法(大日本帝国憲法)(体制) 33-35, 37, 143
名誉革命 1, 12
メージャー(Major, John) 65-66
メディアン・ヴォーター定理 113
メルケル(Merkel, Angela) 2
メルバーン子爵(Melbourne, Viscount) 16
モラル・ハザード 179, 184-185
森喜朗 58, 74, 119, 121
問責決議(案) 63-64, 70

ヤ 行

野党 70, 75-76, 87, 101-108, 124-125, 129-134, 136-137
郵政民営化(関連法案) 49, 71-72, 74

抑制・均衡 29, 31, 38, 40, 42, 192
予算(関連法案) 137, 189, 198
予算や重要法案の否決 56, 81 →信任も参照
吉田茂 57, 74
与党(政権[政]党) 44-46, 55, 60-61, 64-65, 70-71, 75-76, 87, 101-108, 193
与党間モード(連立与党間モード) 124-126, 195
与党内モード 124-126, 128-129, 138, 195
与野党協議 105, 108, 136, 138
与野党協調/協力 127, 129, 132
与野党協調モード 124, 126, 128-130, 132, 134, 136-138, 195
与野党対立モード 124, 126, 128-129, 136-137, 195-196

ラ 行

ラッド(Rudd, Kevin) 59
立案 →企画(・立案・総合調整)
両院協議会 21, 26, 95-96
ルクセンブルク 24, 68, 71, 79-80, 82
レッタ(Letta, Enrico) 21
連合国総司令部 →GHQ
連帯責任 139-142, 149, 196
連邦制 89
連立(連合)(政権) 55, 111
連立政権合意 →政権合意(文書)
ロヴェーン(Löfven, Stefan) 83
ロッキンガム侯爵(Rockingham, Marquess of) 15

ワ 行

若槻礼次郎 34

concurrent majority 101, 194
EU(欧州連合) 66
GHQ(連合国総司令部) 38, 93-94

著者略歴
1952 年　富山県に生まれる.
1980 年　東京大学大学院法学政治学研究科博士課程単位取得退学.
1993 年　東京大学博士（法学）.
現　在　東京大学大学院法学政治学研究科教授.

主要著書
『概説 現代日本の政治』（共著，東京大学出版会，1990 年）
『日本の政党政治 1890-1937 年』（東京大学出版会，1992 年）
『選挙制度と政党システム』（木鐸社，2004 年）
『日本の国会制度と政党政治』（東京大学出版会，2005 年）
『現代の政党と選挙［新版］』（共著，有斐閣，2011 年）

シリーズ日本の政治 1
議院内閣制

2015 年 4 月 20 日　初　版

［検印廃止］

著　者　川人 貞史
　　　　（かわと　さだふみ）

発行所　一般財団法人　東京大学出版会

代表者　古田 元夫

153-0041 東京都目黒区駒場 4-5-29
http://www.utp.or.jp/
電話　03-6407-1069　Fax 03-6407-1991
振替　00160-6-59964

印刷所　株式会社理想社
製本所　牧製本印刷株式会社

© 2015 Sadafumi Kawato
ISBN 978-4-13-032121-1　Printed in Japan

JCOPY〈㈳出版者著作権管理機構　委託出版物〉
本書の無断複写は著作権法上での例外を除き禁じられています．複写される場合は，そのつど事前に，㈳出版者著作権管理機構（電話 03-3513-6969，FAX 03-3513-6979，e-mail: info@jcopy.or.jp）の許諾を得てください．

シリーズ日本の政治 ［全 11 巻］

川人貞史 ［編］

四六判・平均 256 ページ

1	議院内閣制	川人 貞史	2800 円
2	選挙制度	品田 裕	
3	政治意識	竹中 佳彦	
4	政治参加と民主政治	山田 真裕	
5	並立制と投票行動	西澤 由隆	
6	政党システムと政党組織	待鳥 聡史	2800 円
7	立法と権力分立	増山 幹高	6月刊
8	政策過程と政権運営	飯尾 潤	
9	公共政策と中央地方関係	北山 俊哉	
10	政治とマスメディア	谷口 将紀	
11	ジェンダーと政治	岩本 美砂子	

ここに表示された価格は本体価格です．ご購入の際には消費税が加算されますのでご了承ください．